La vida bajo el mar Ocean
Libro para colorear a los niños

Young Scholar

Young Scholar
An imprint of Ciparum LLC

La vida bajo el mar Ocean Libro para colorear a los niños
© 2017 Ciparum LLC
All rights reserved.
ISBN-10:1-63589-280-5
ISBN-13:978-1-63589-280-2

www.youngscholar.co

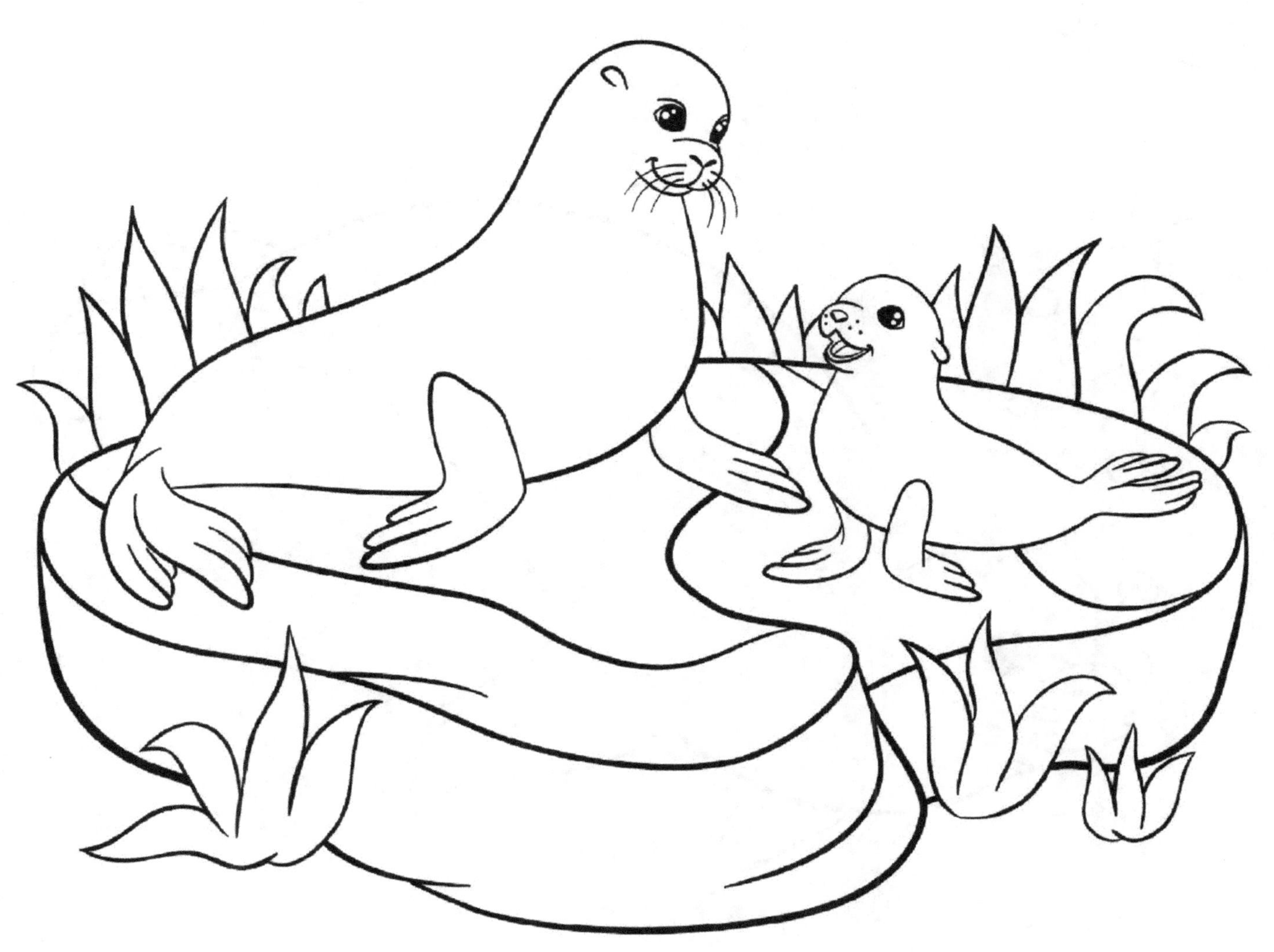

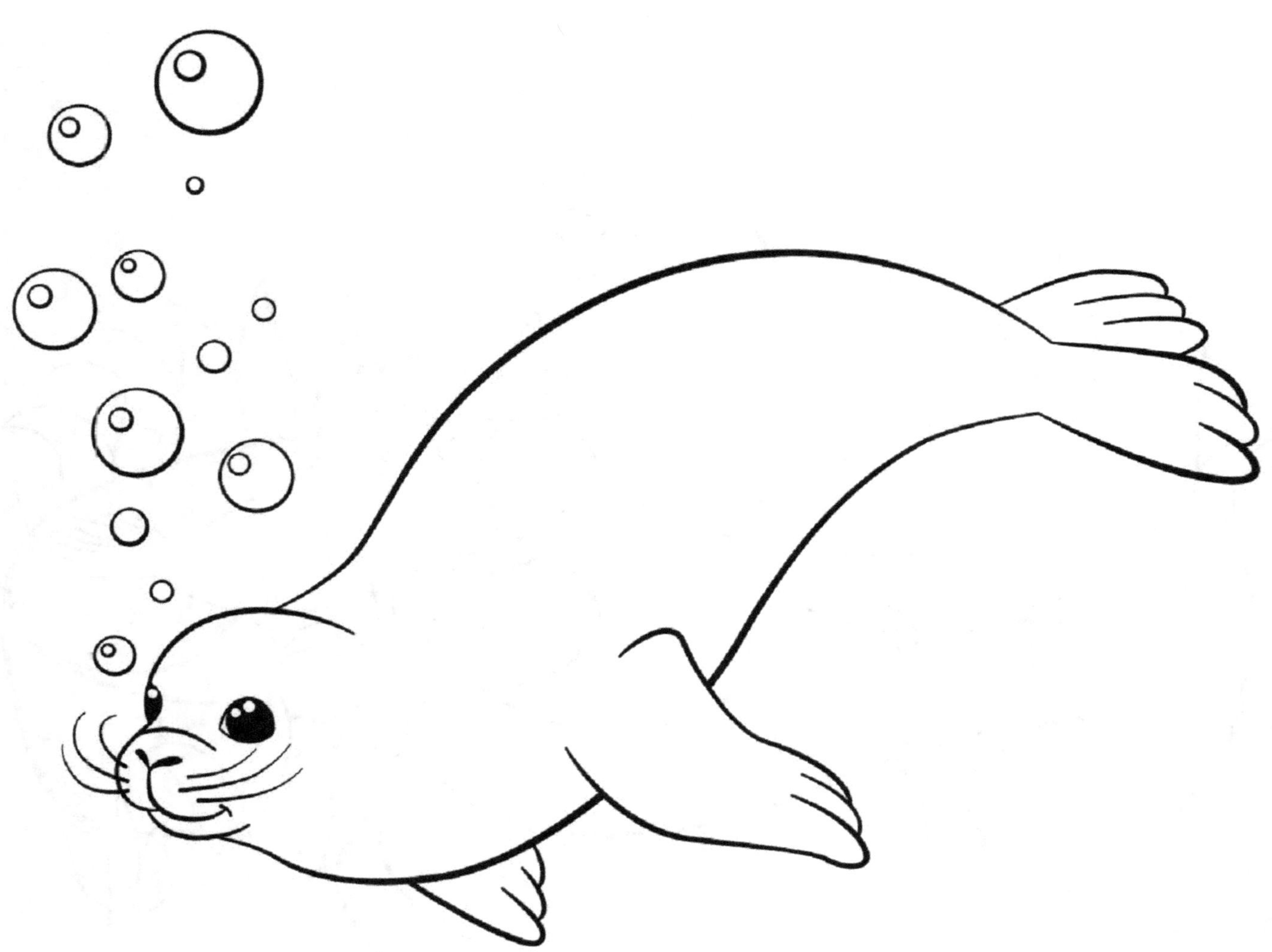

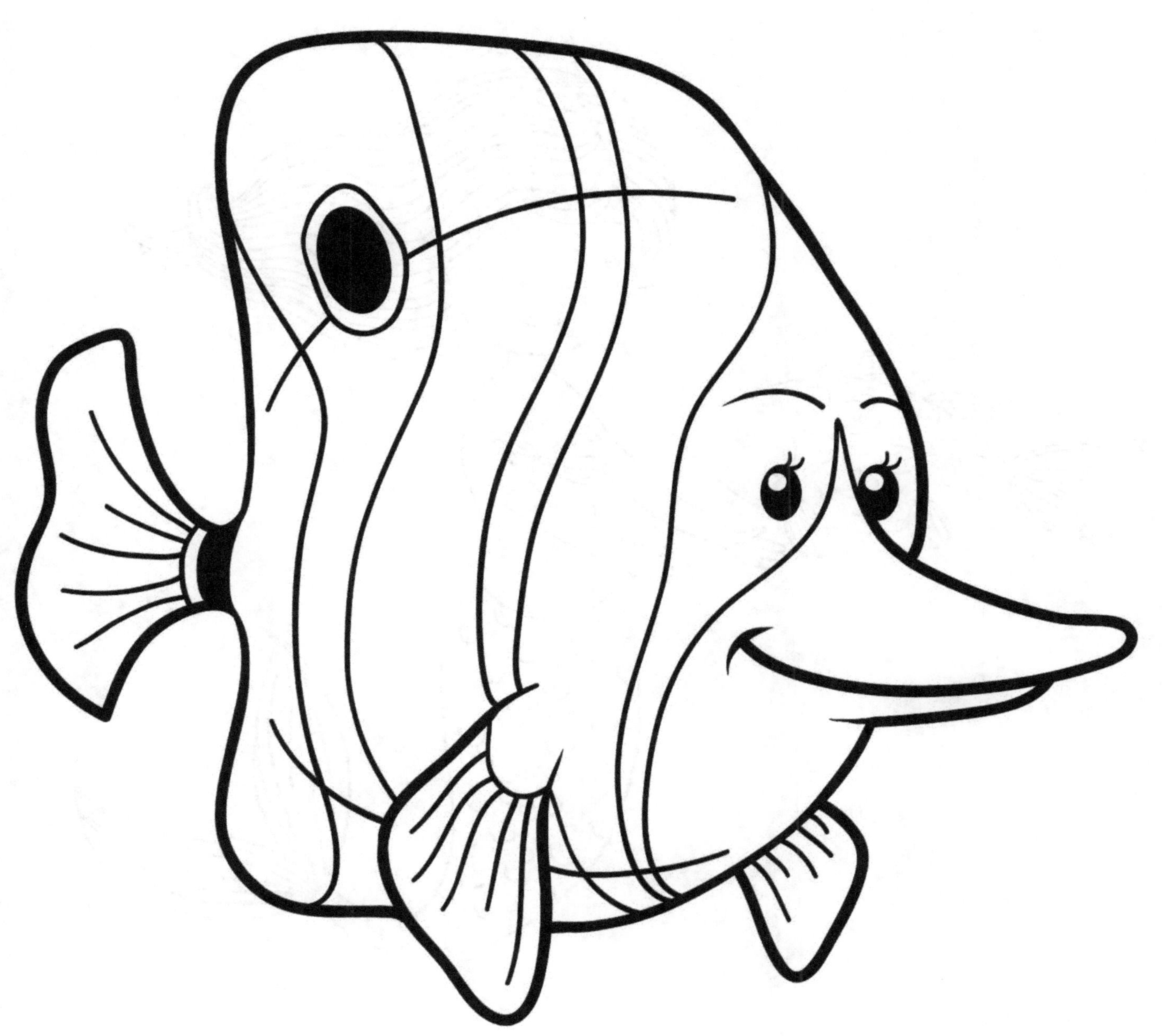

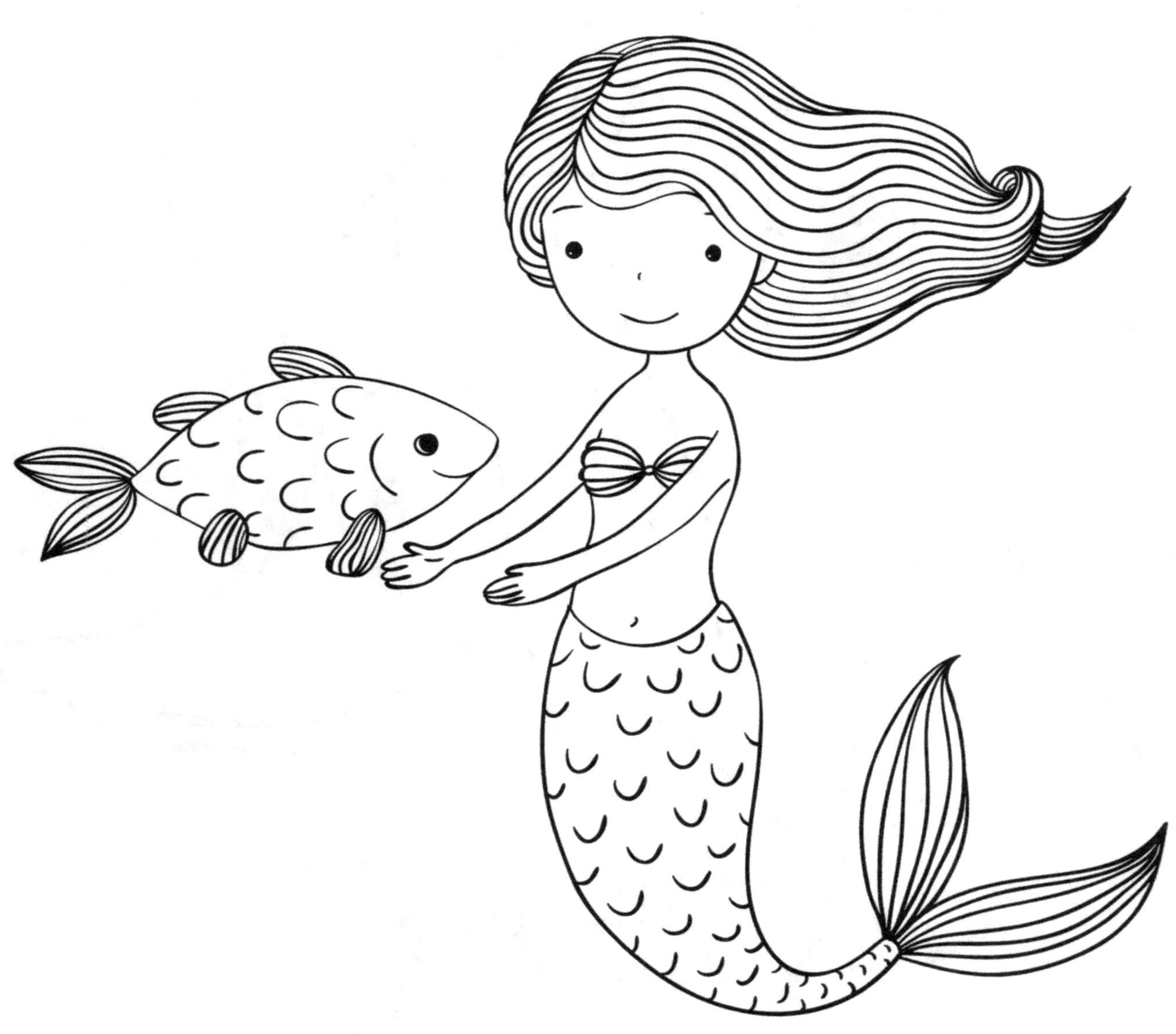

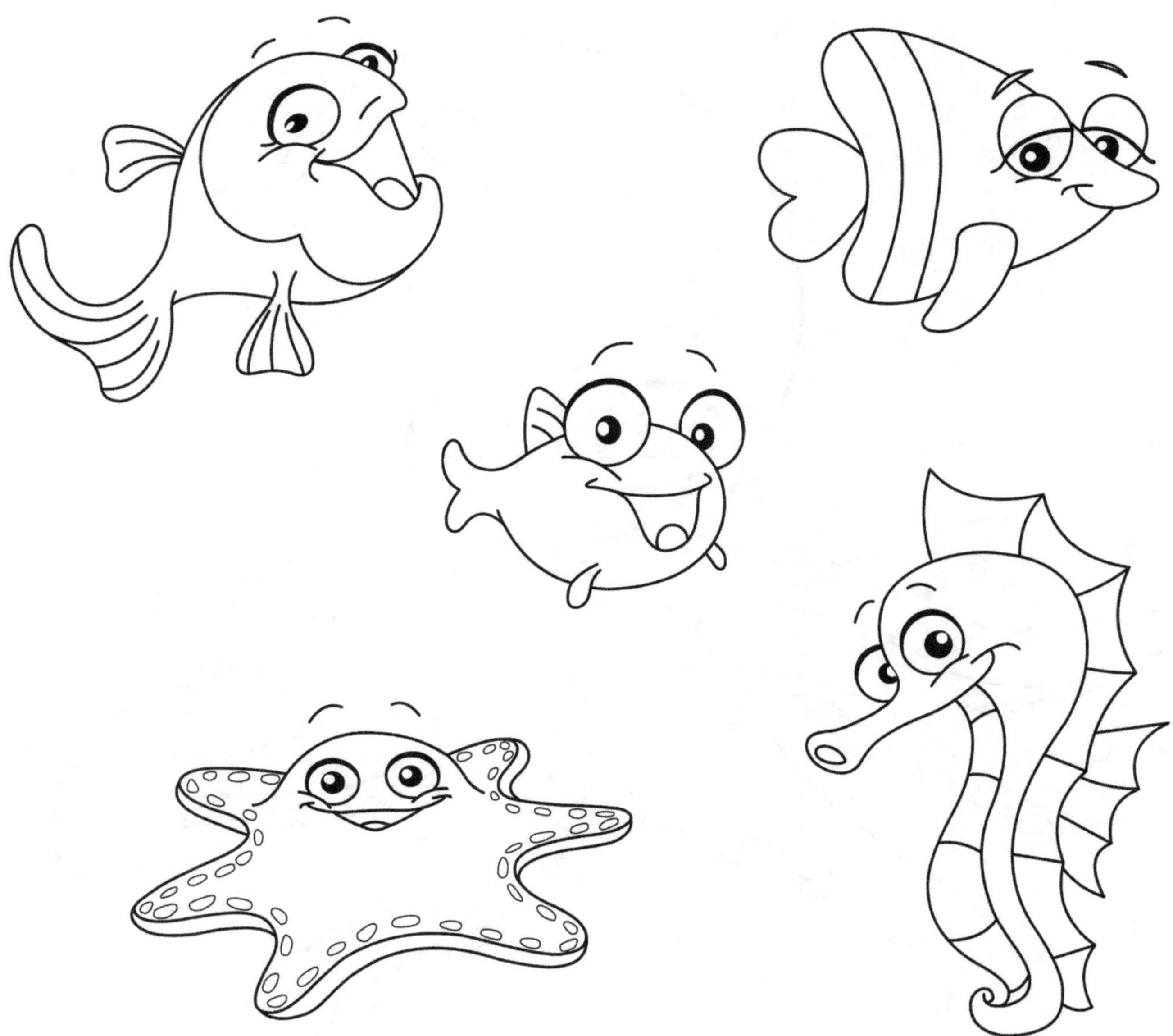

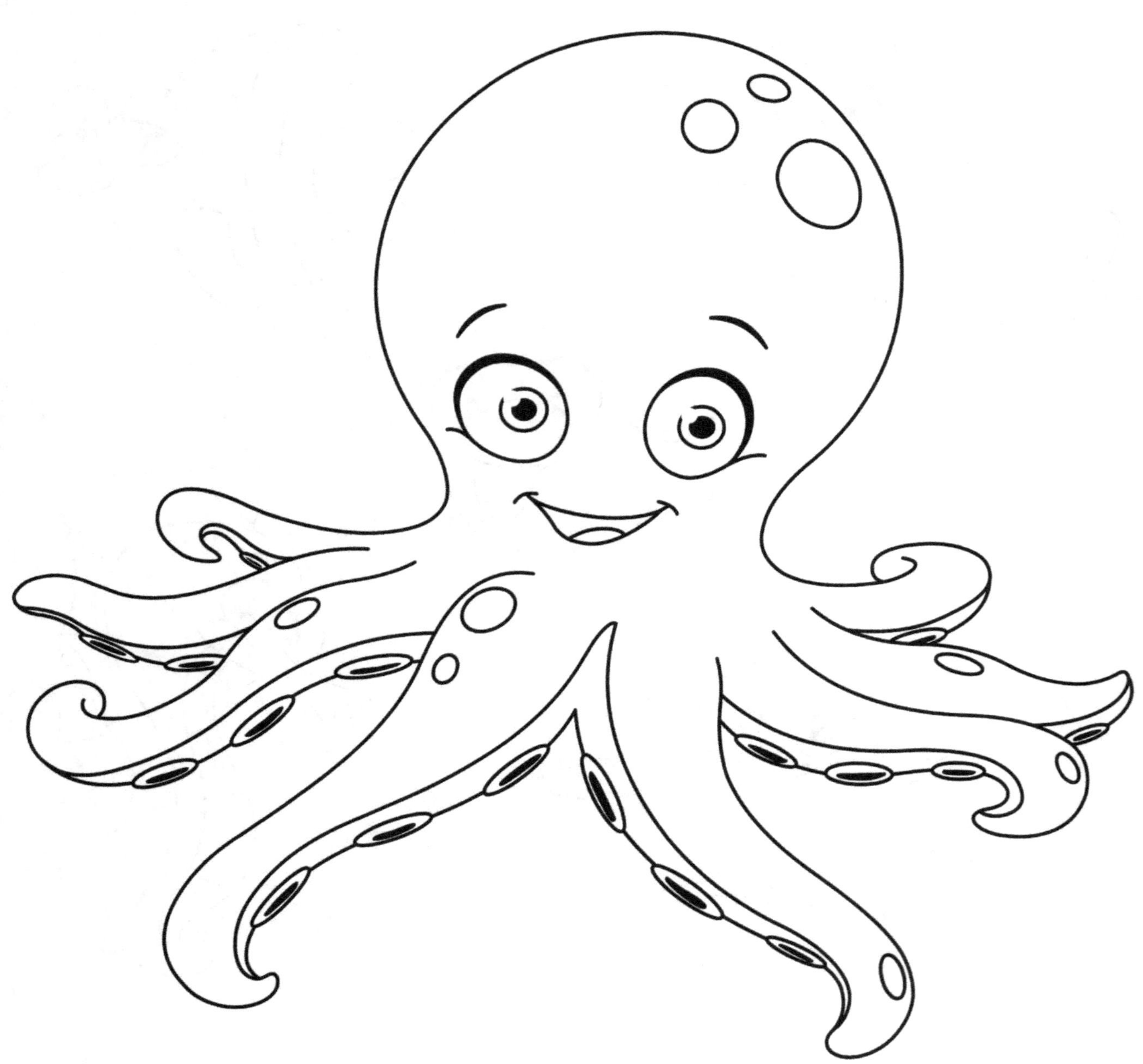

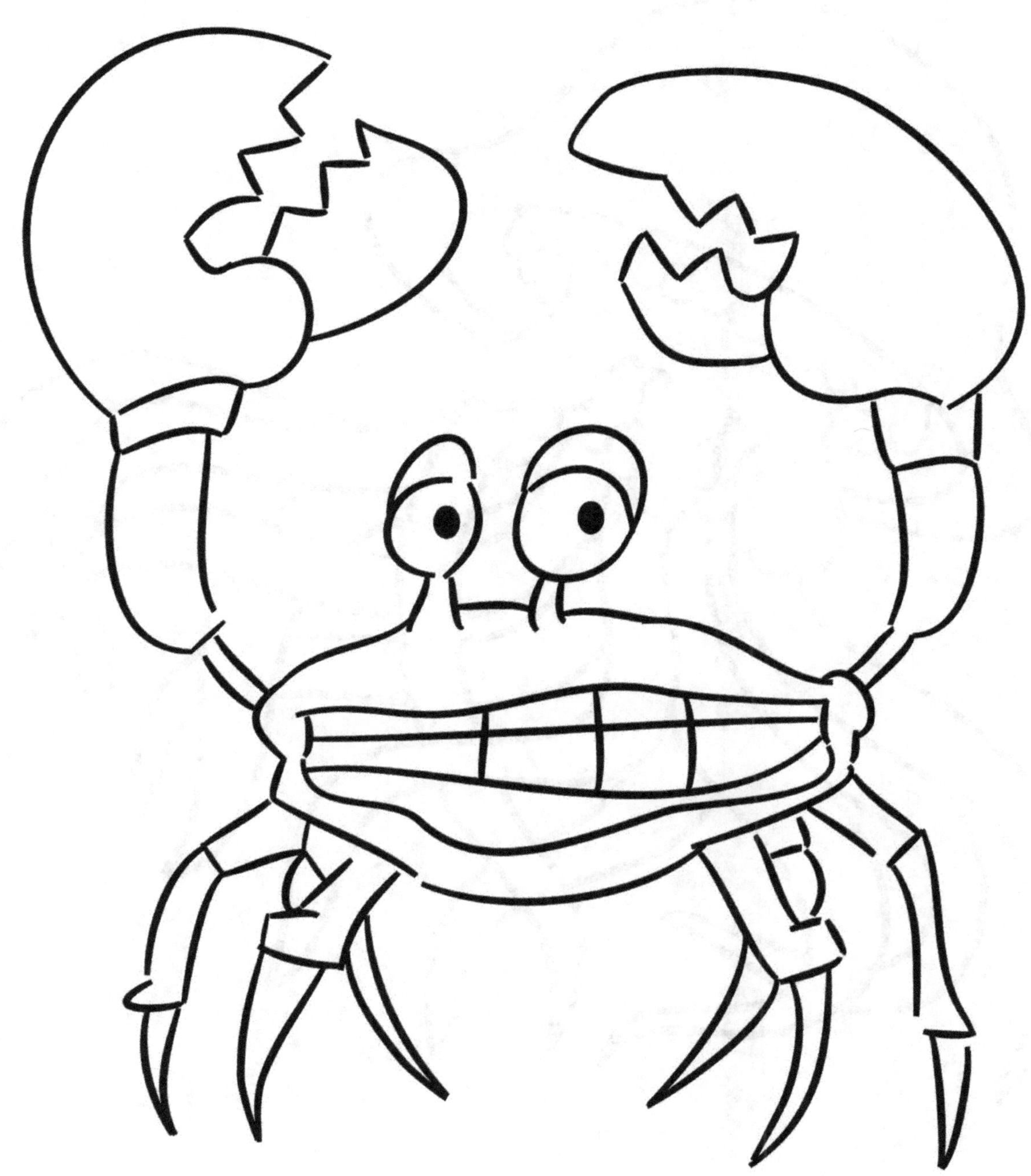

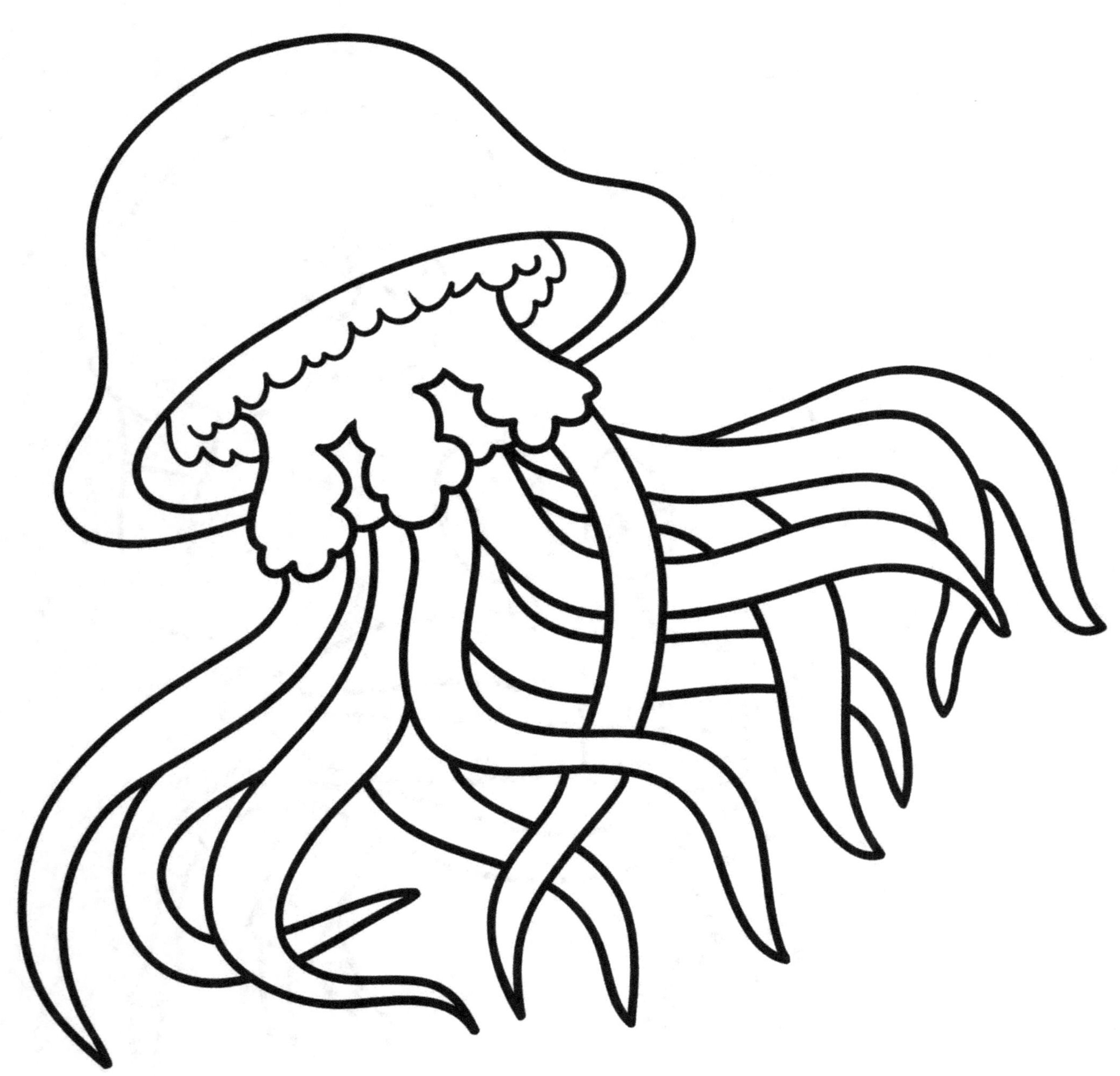

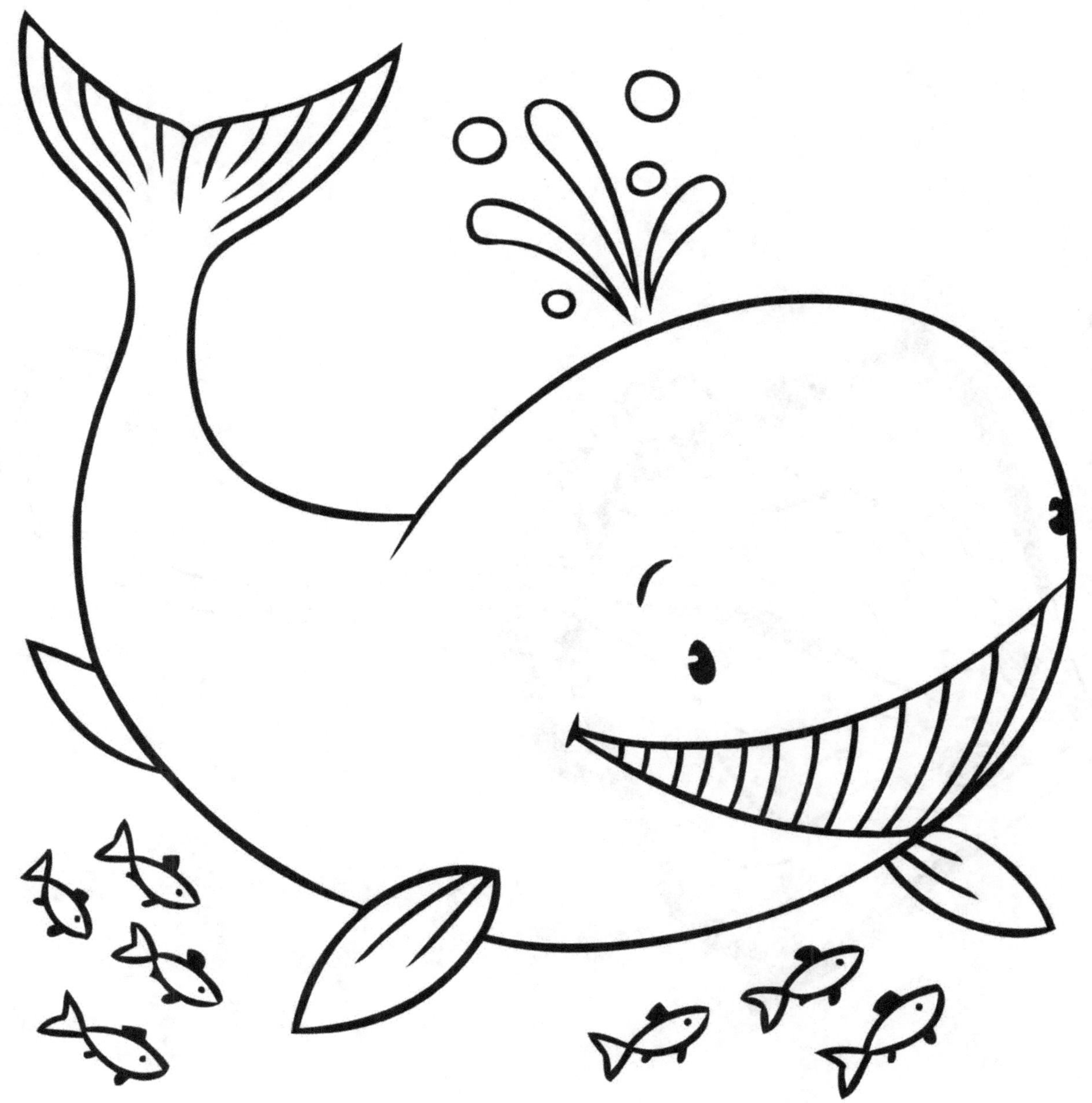

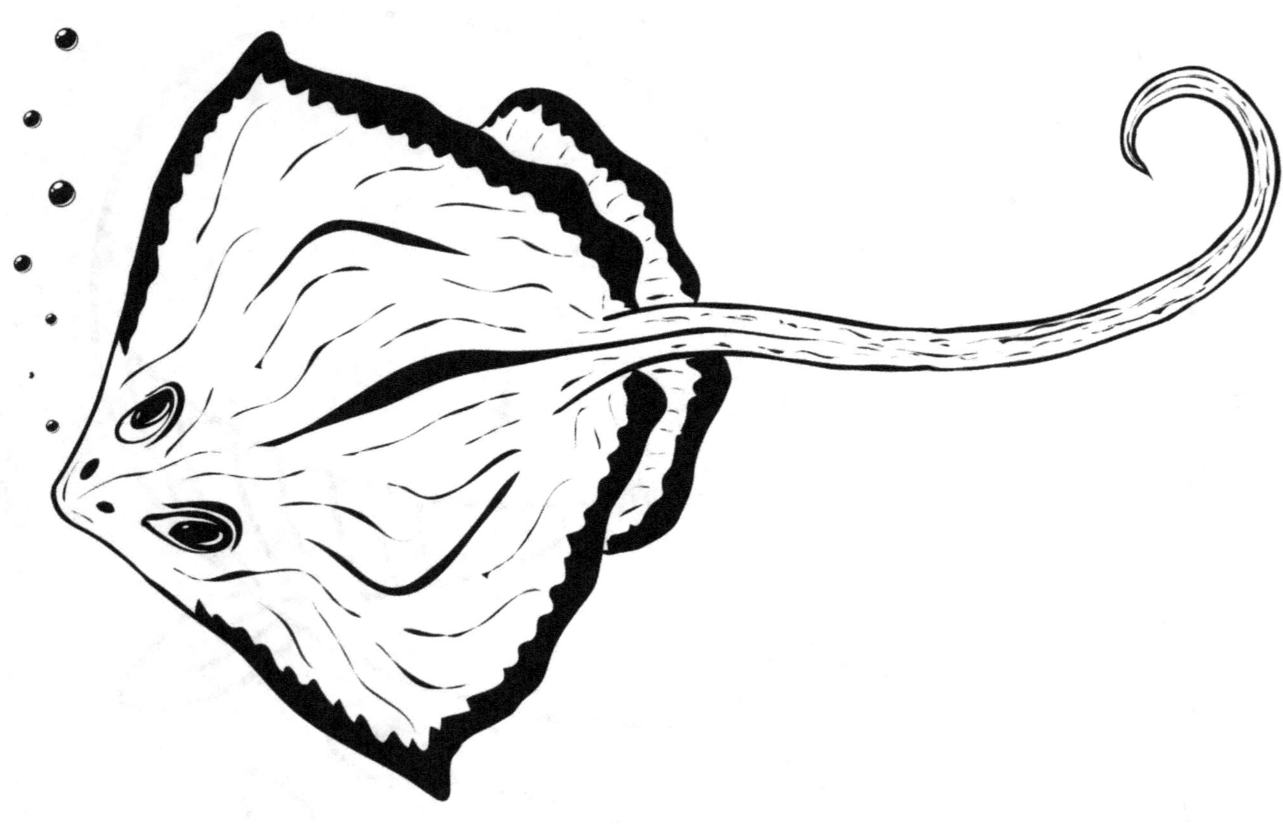

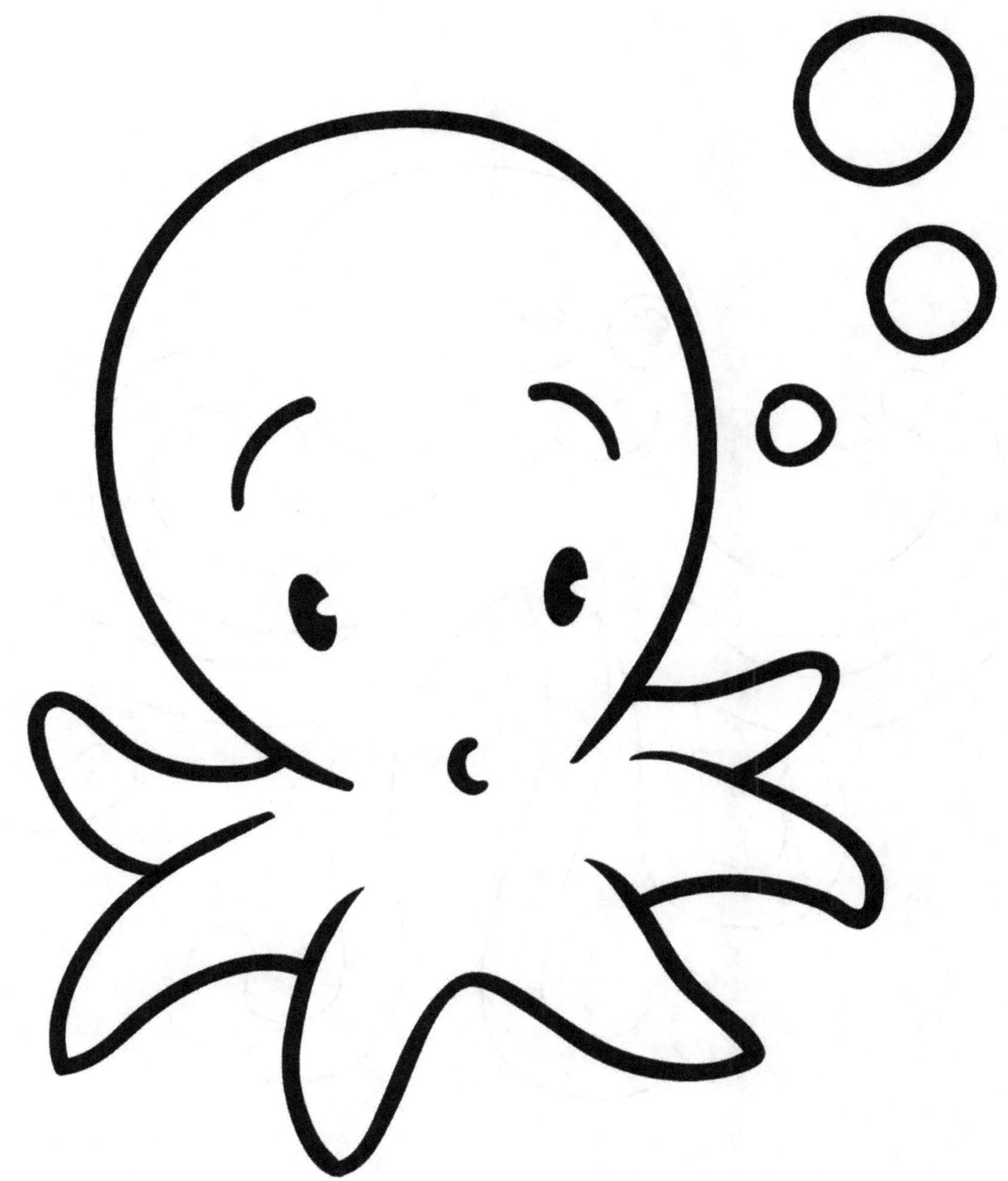

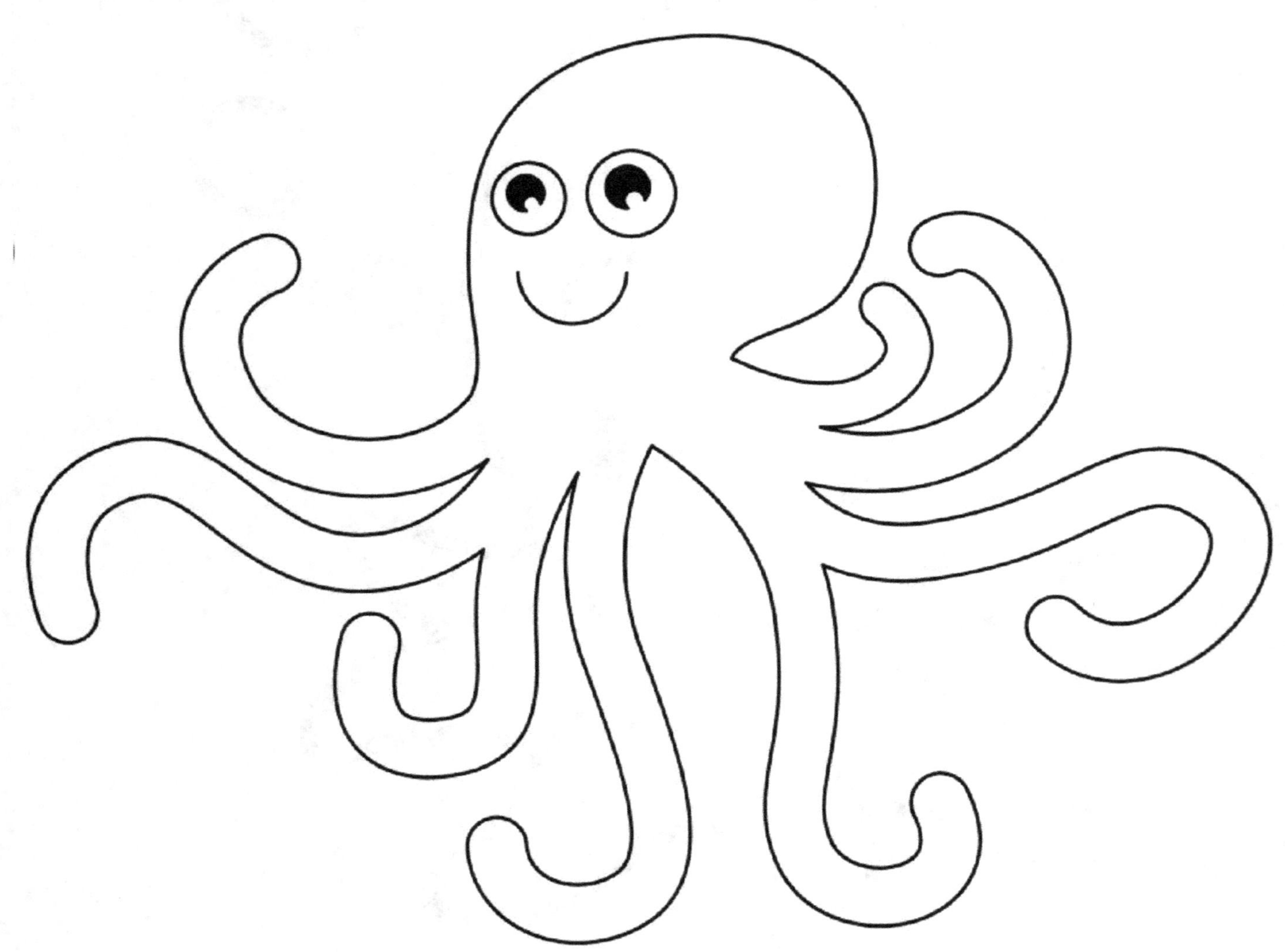

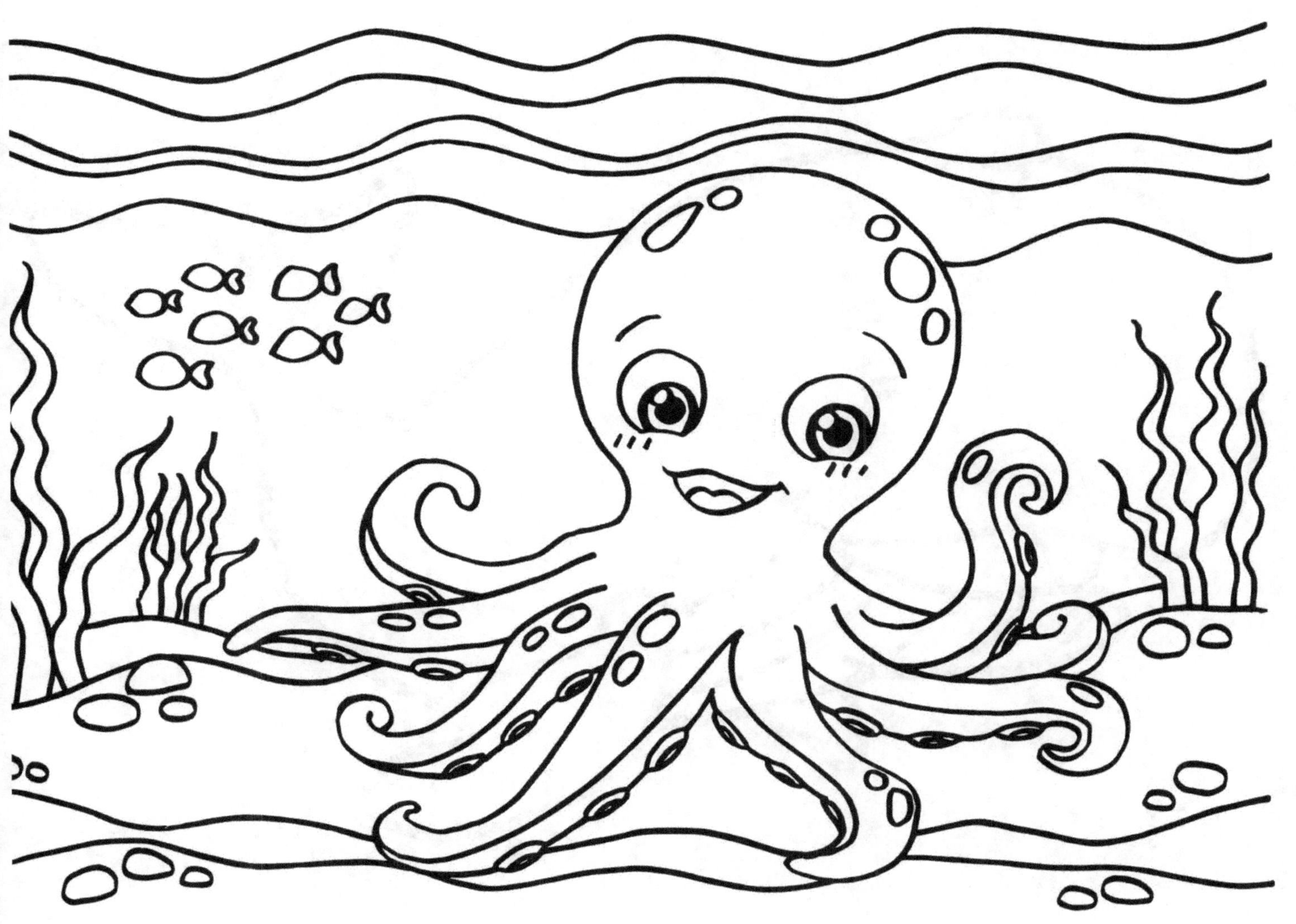

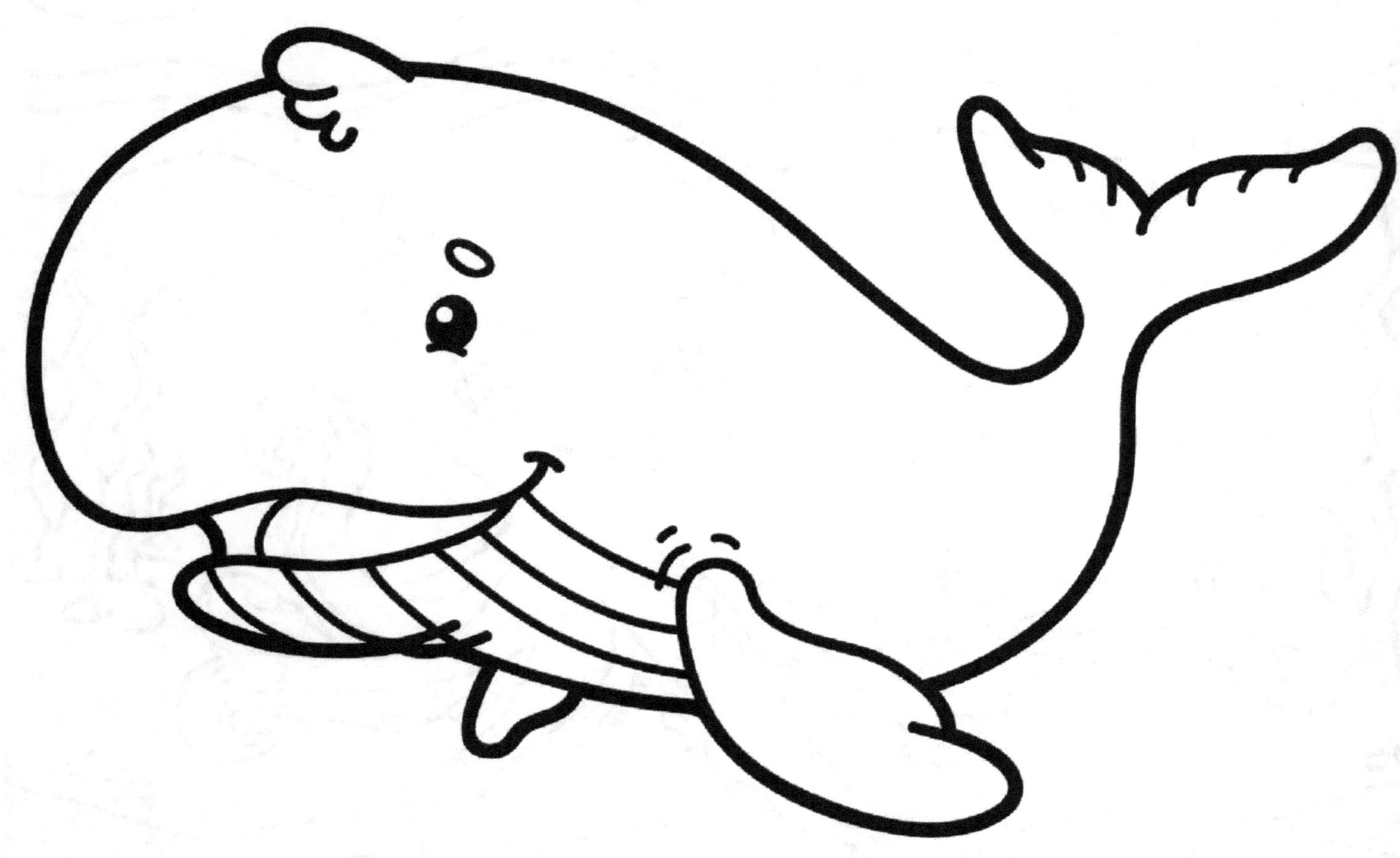

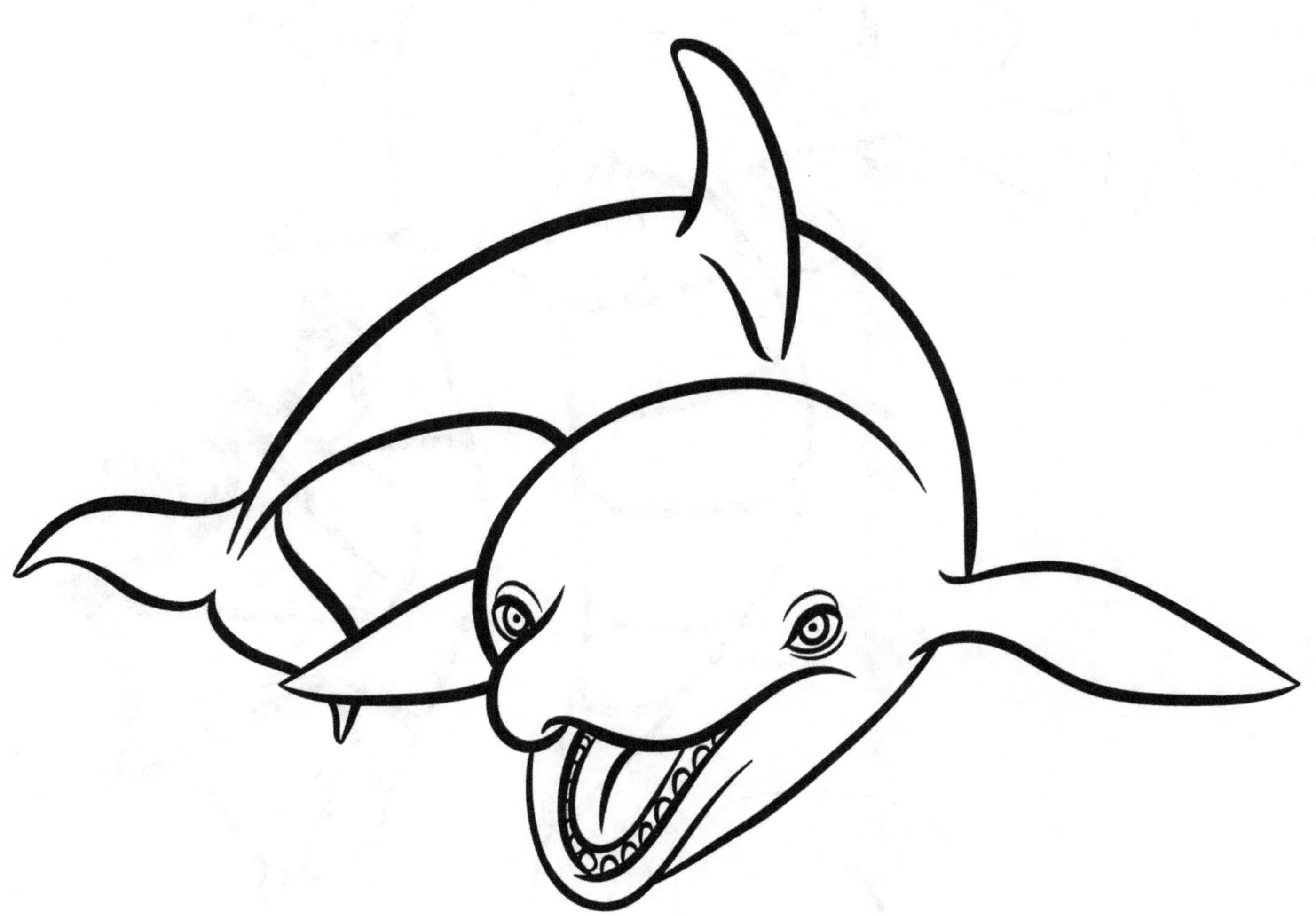

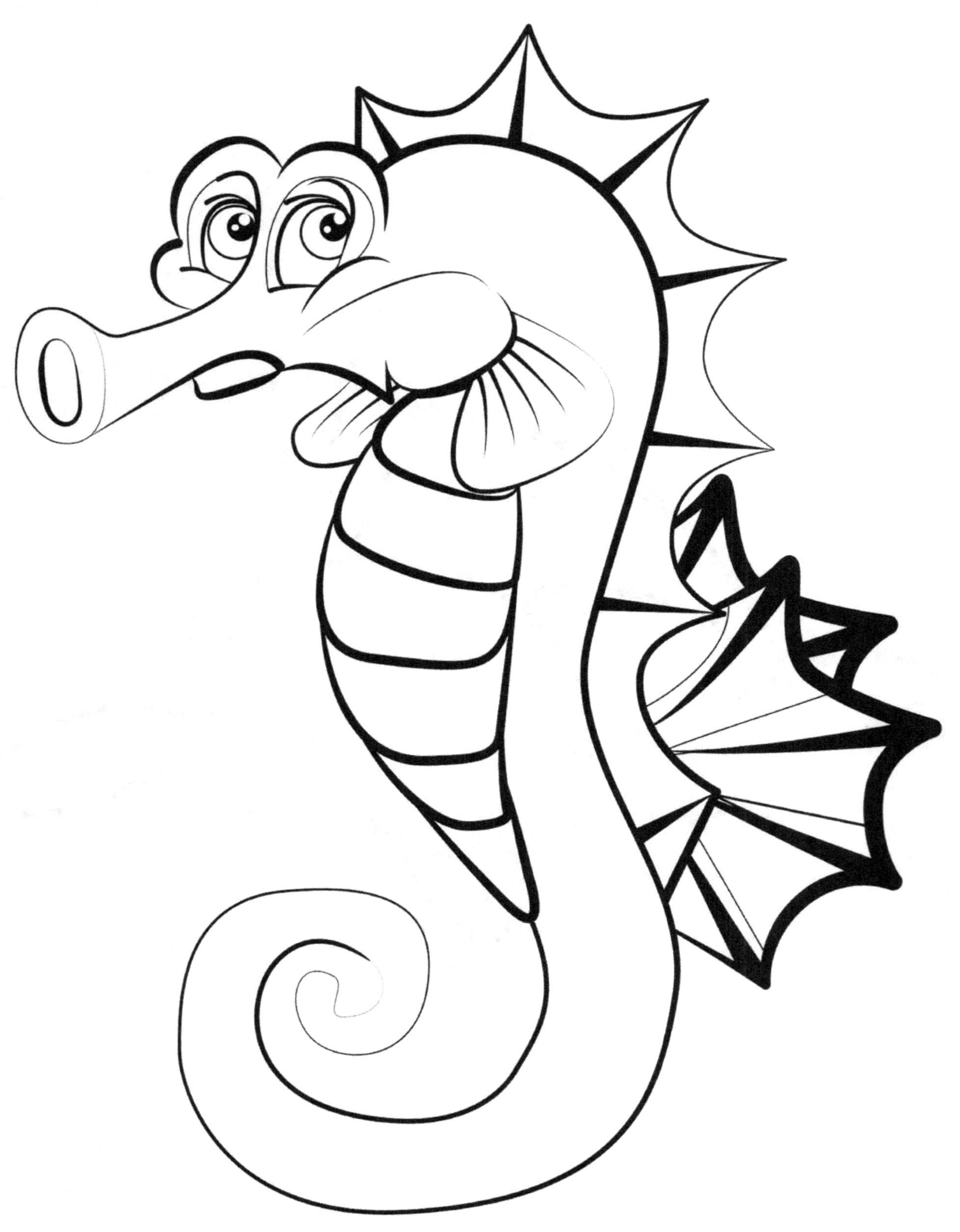

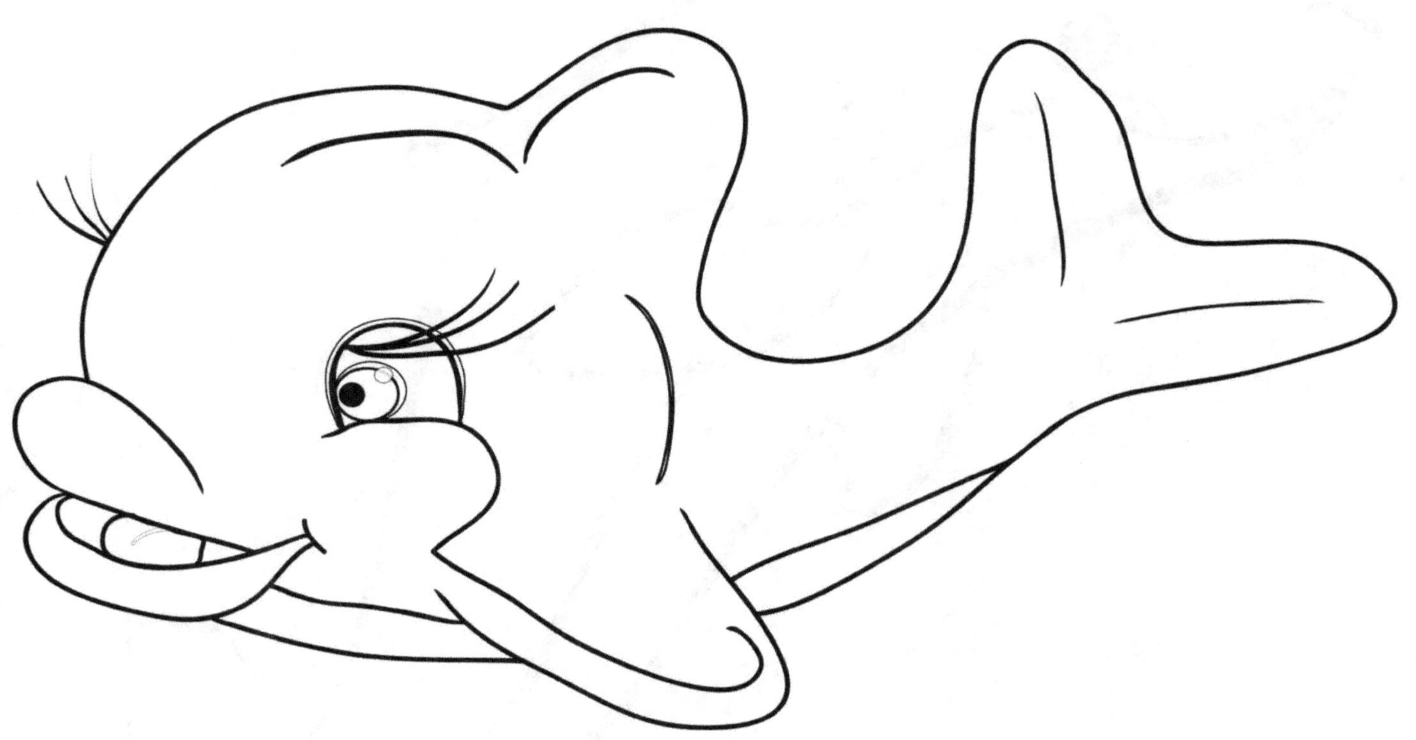

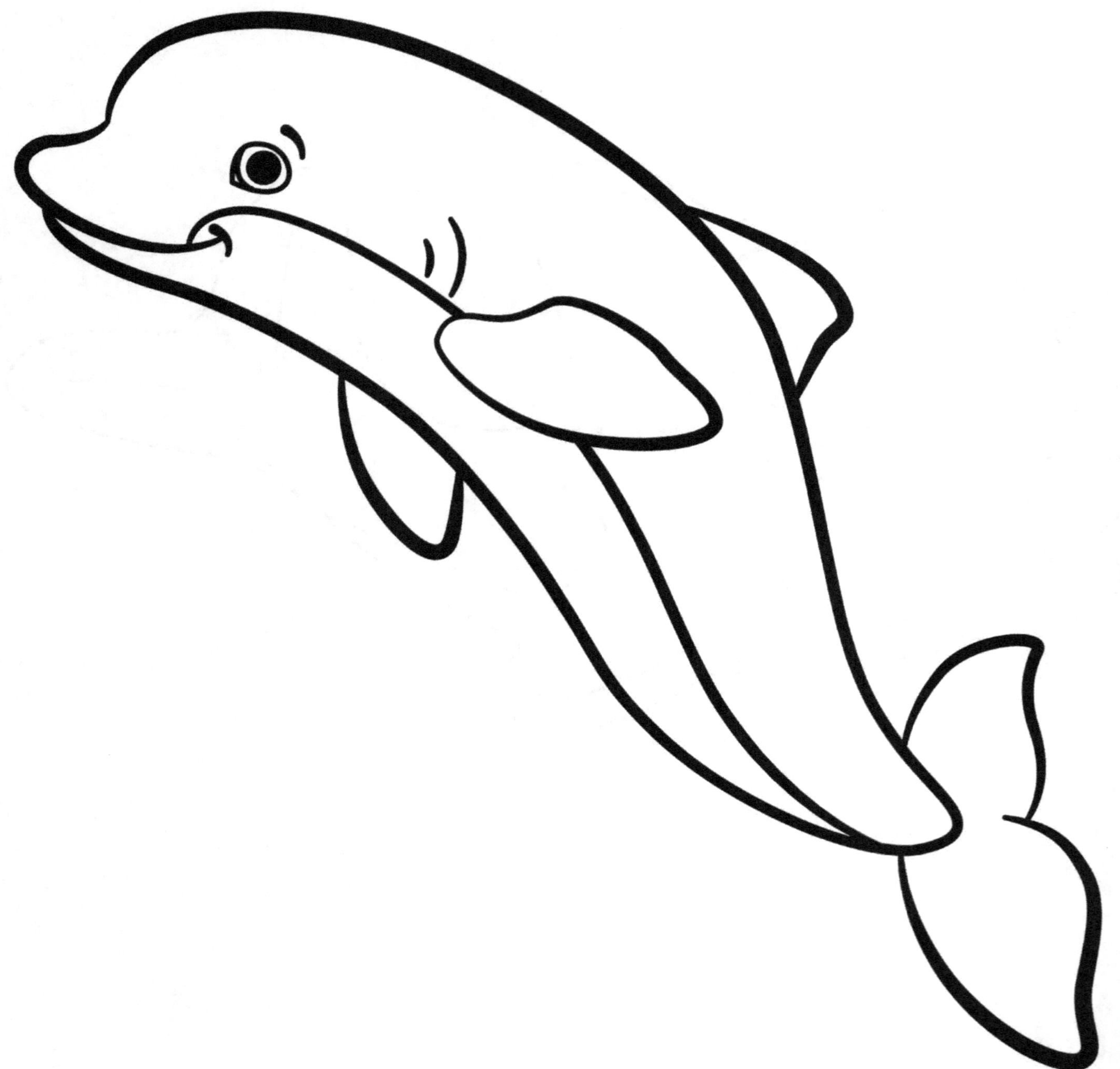

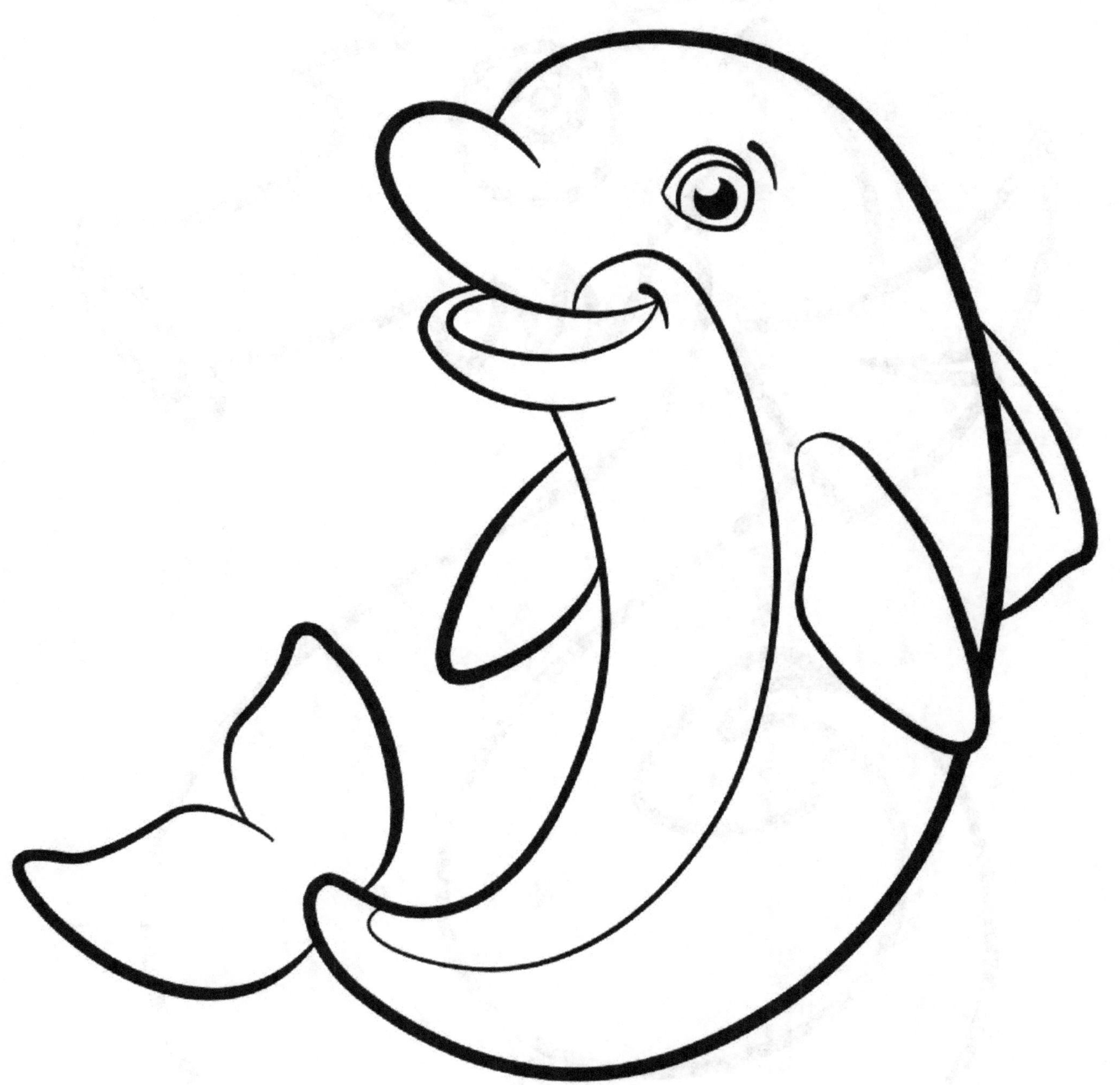

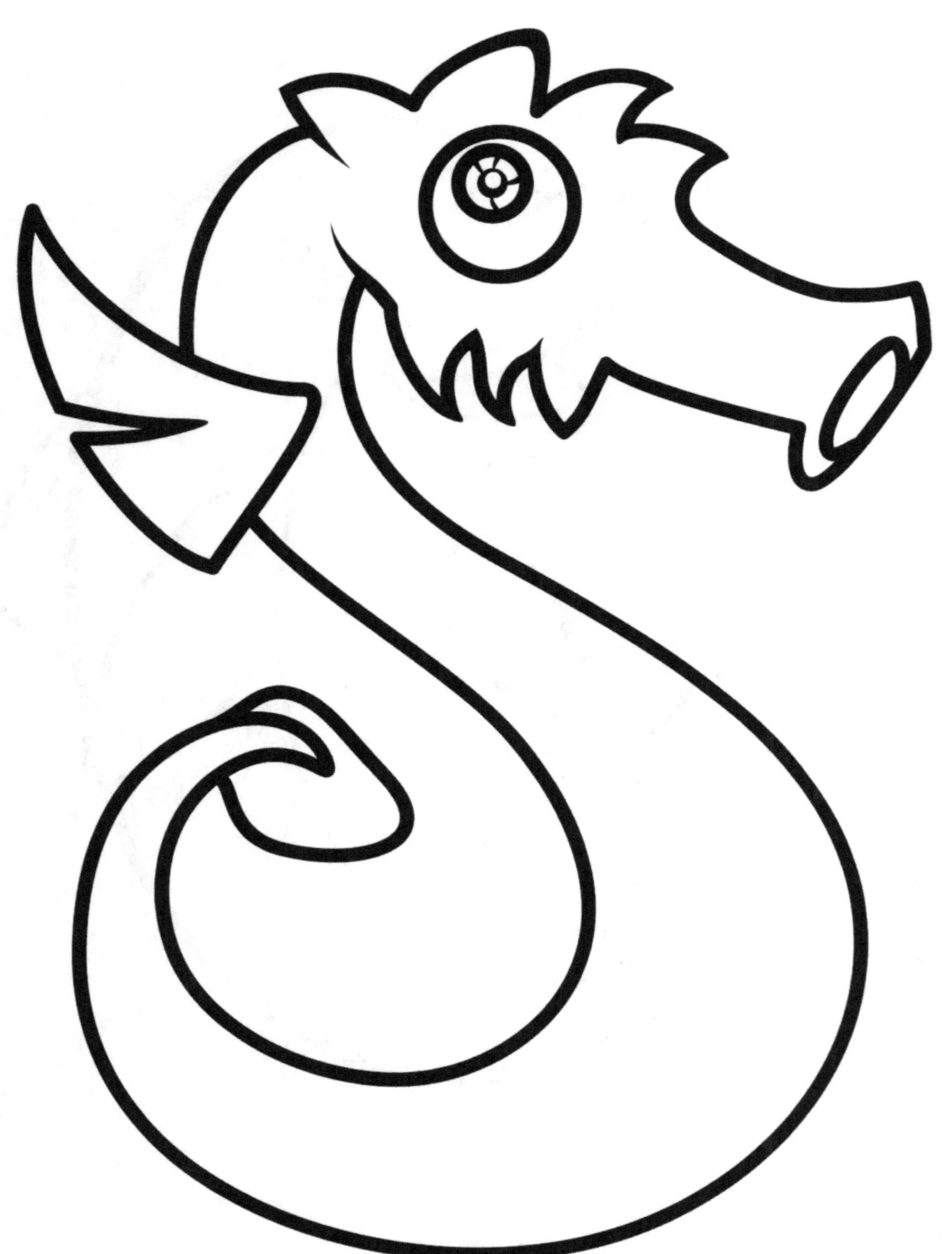

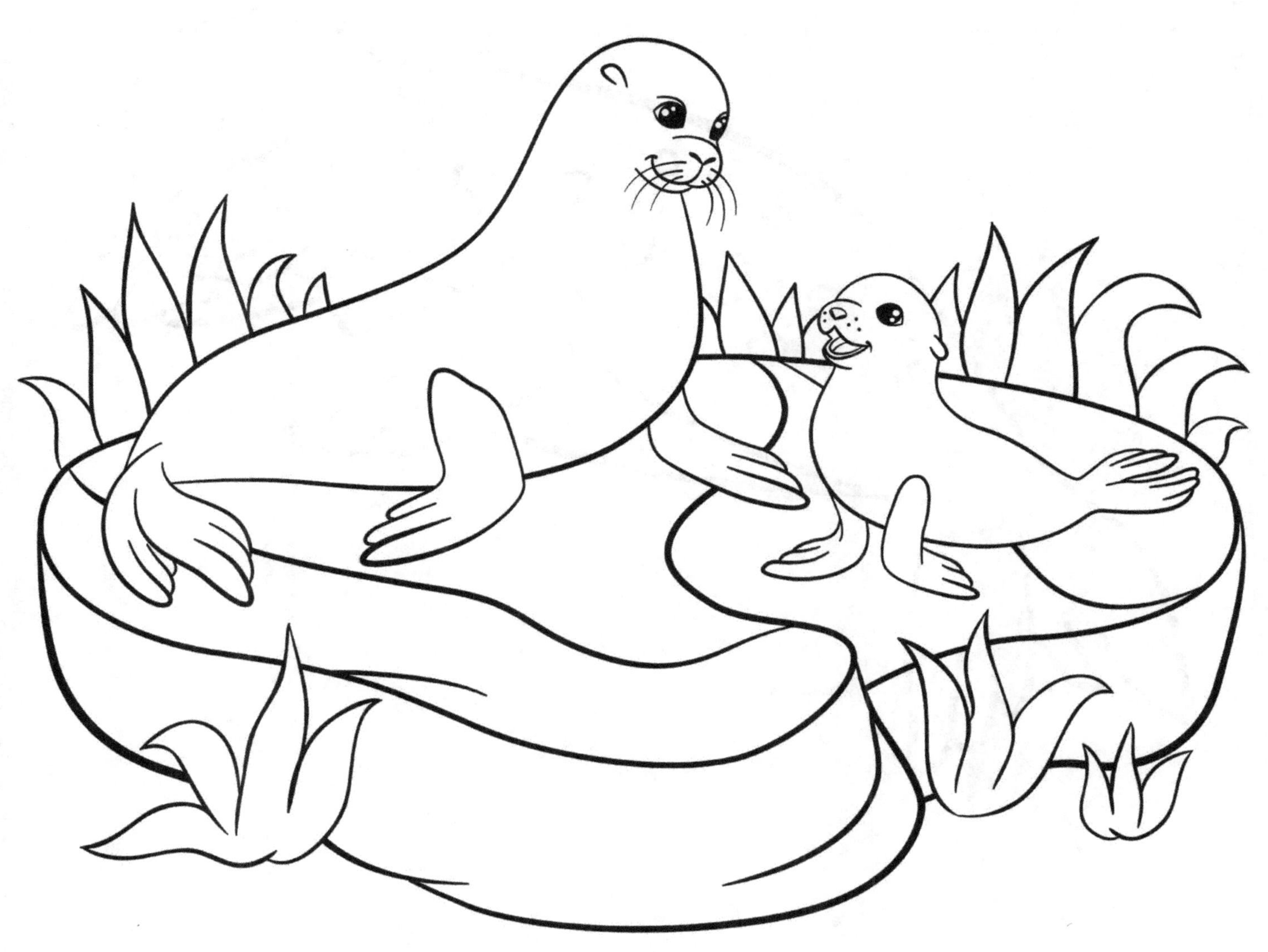

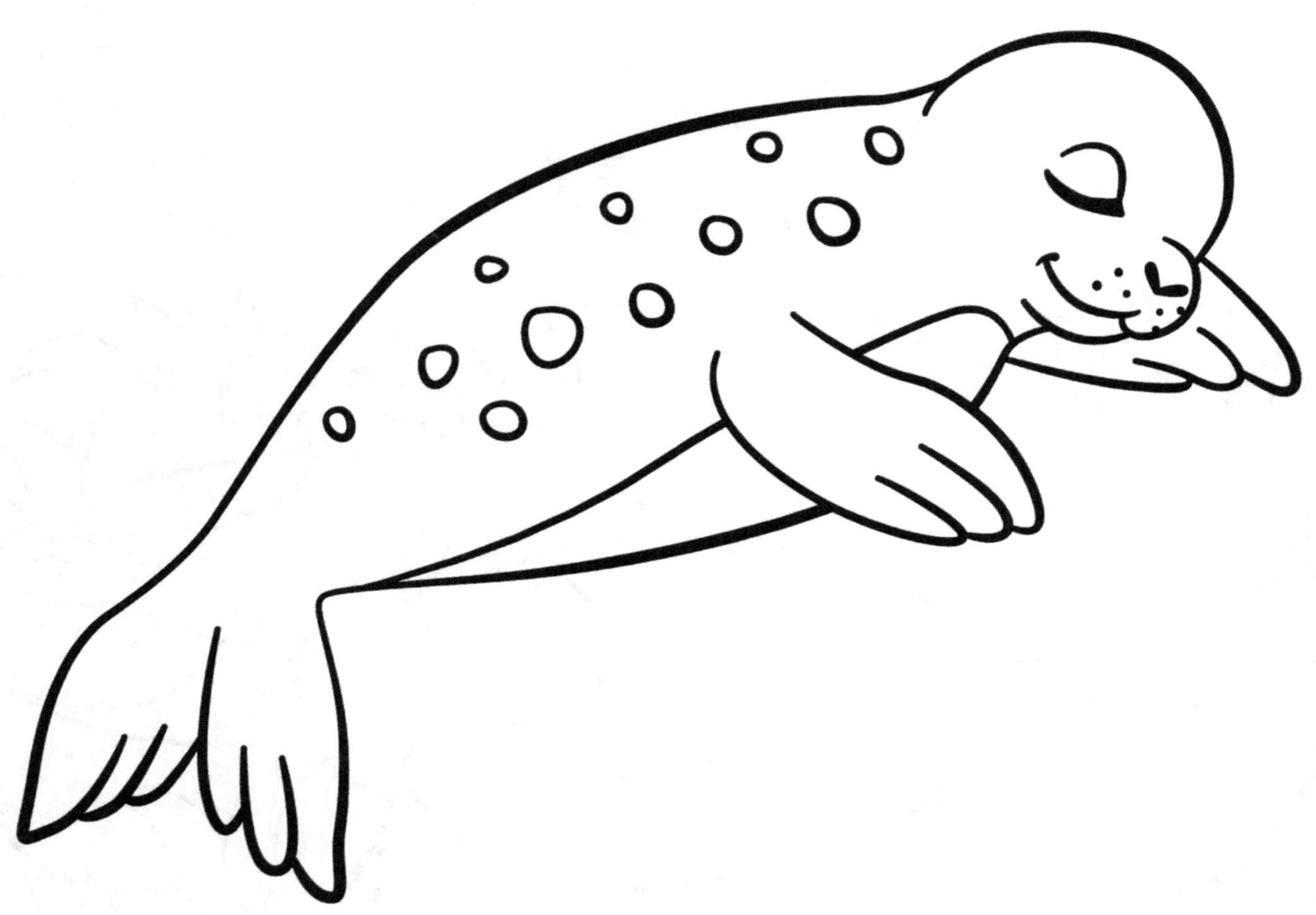

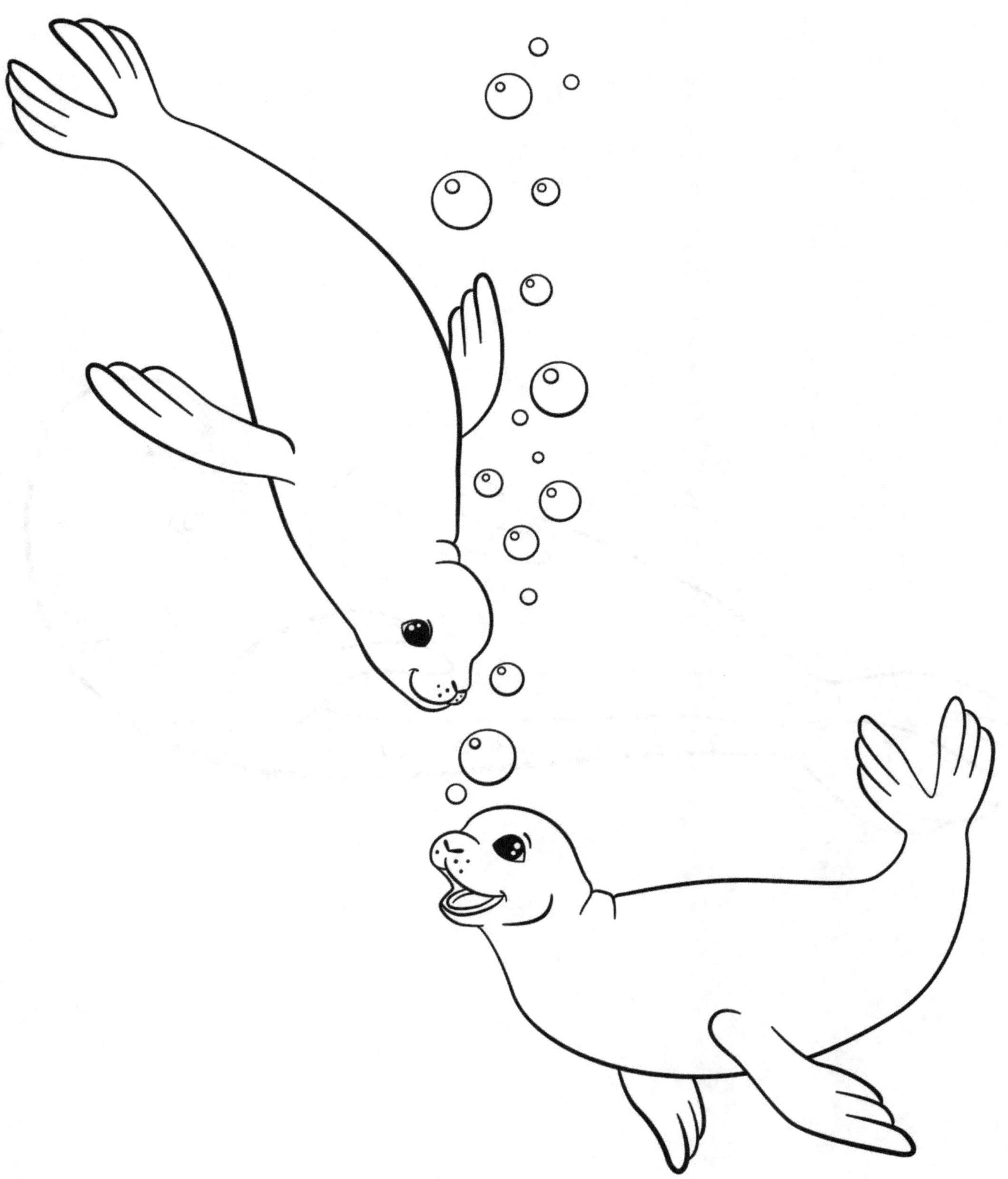

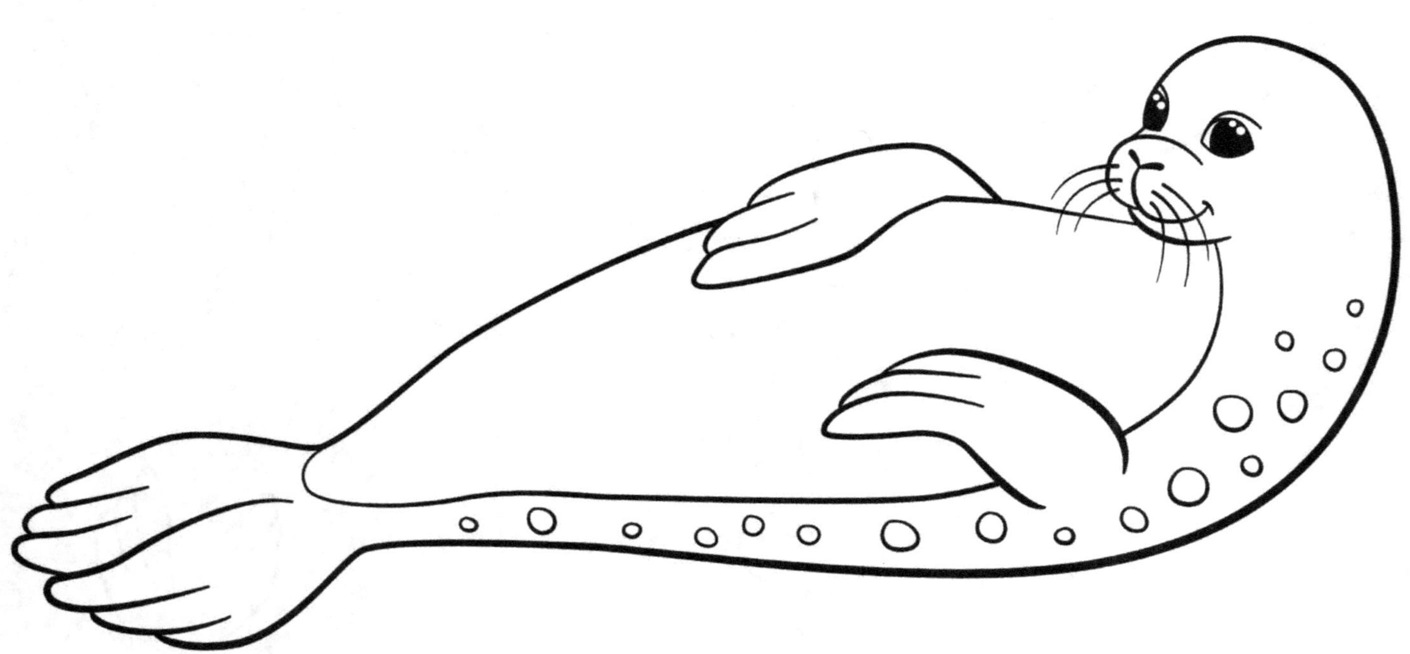

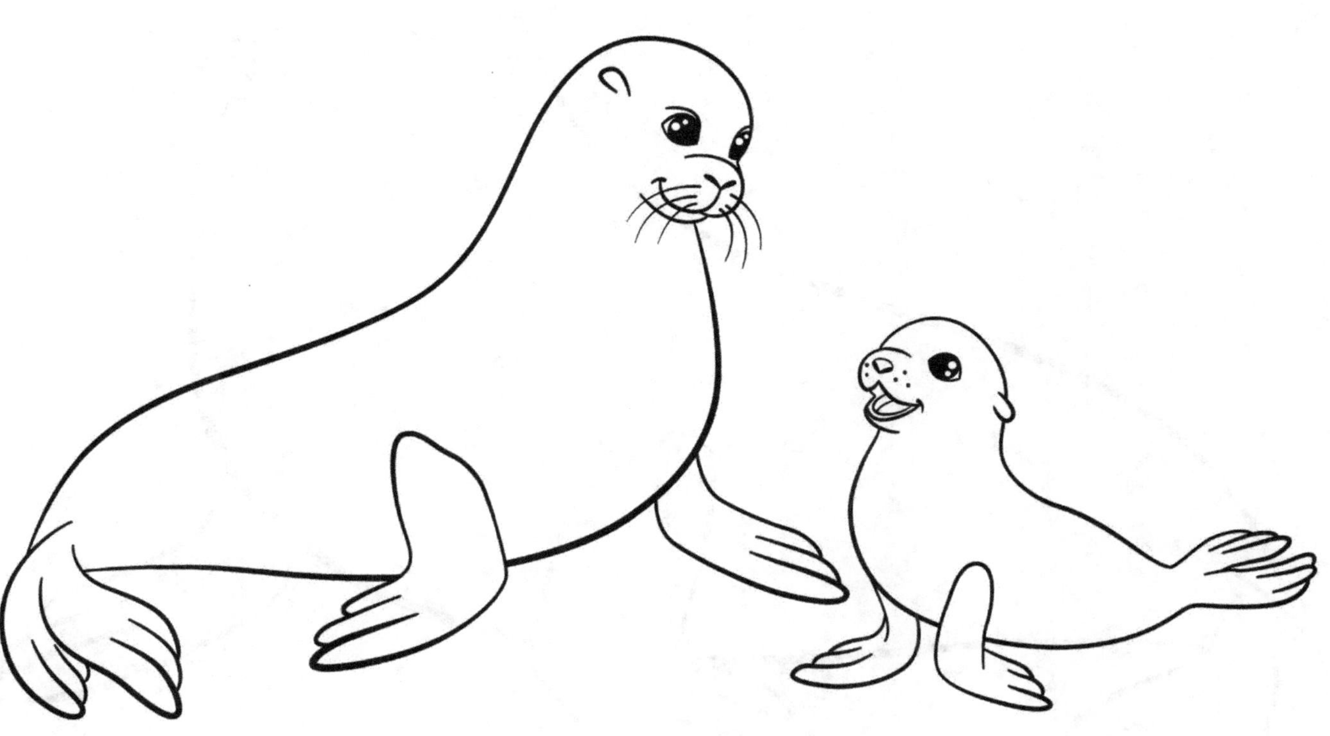

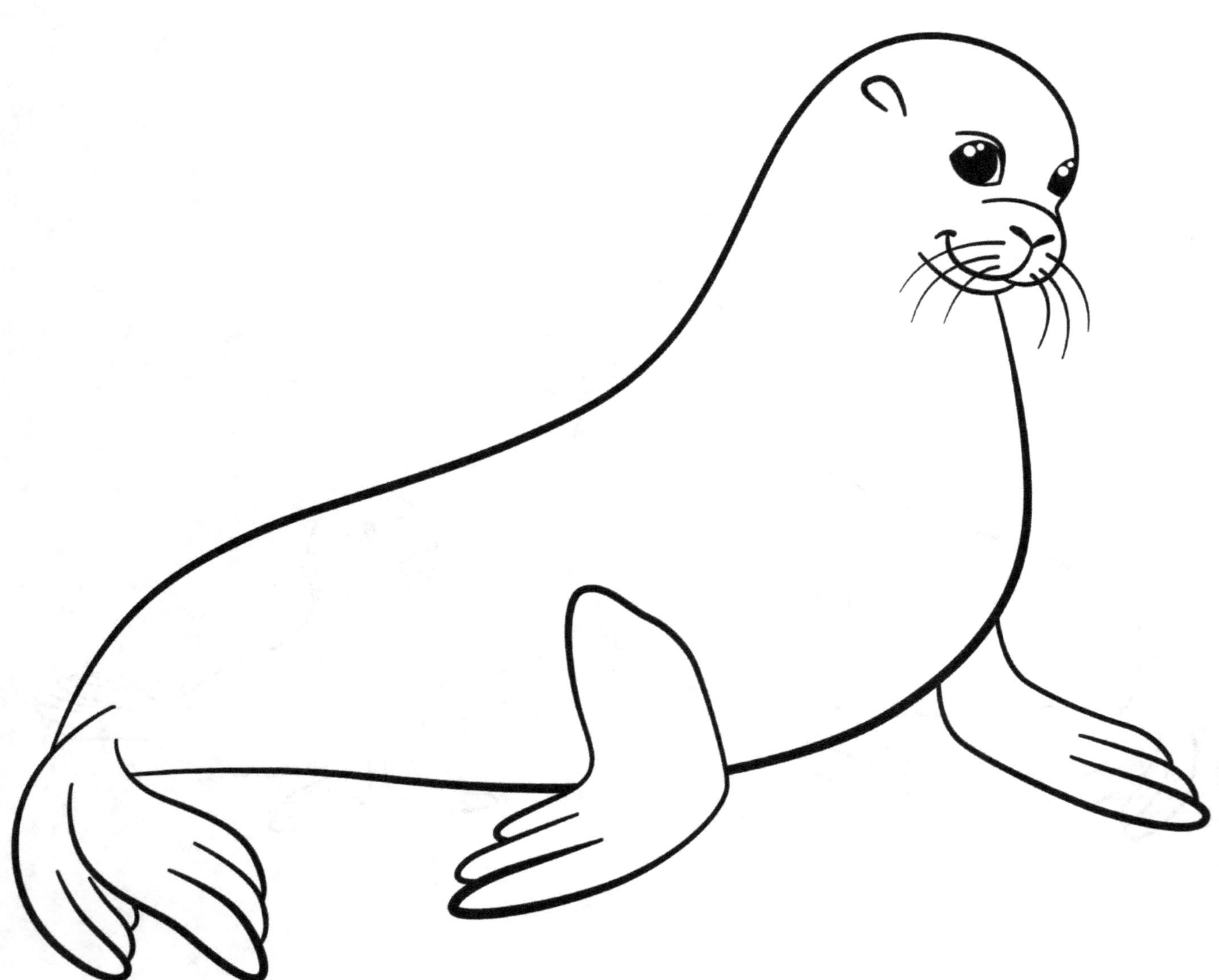

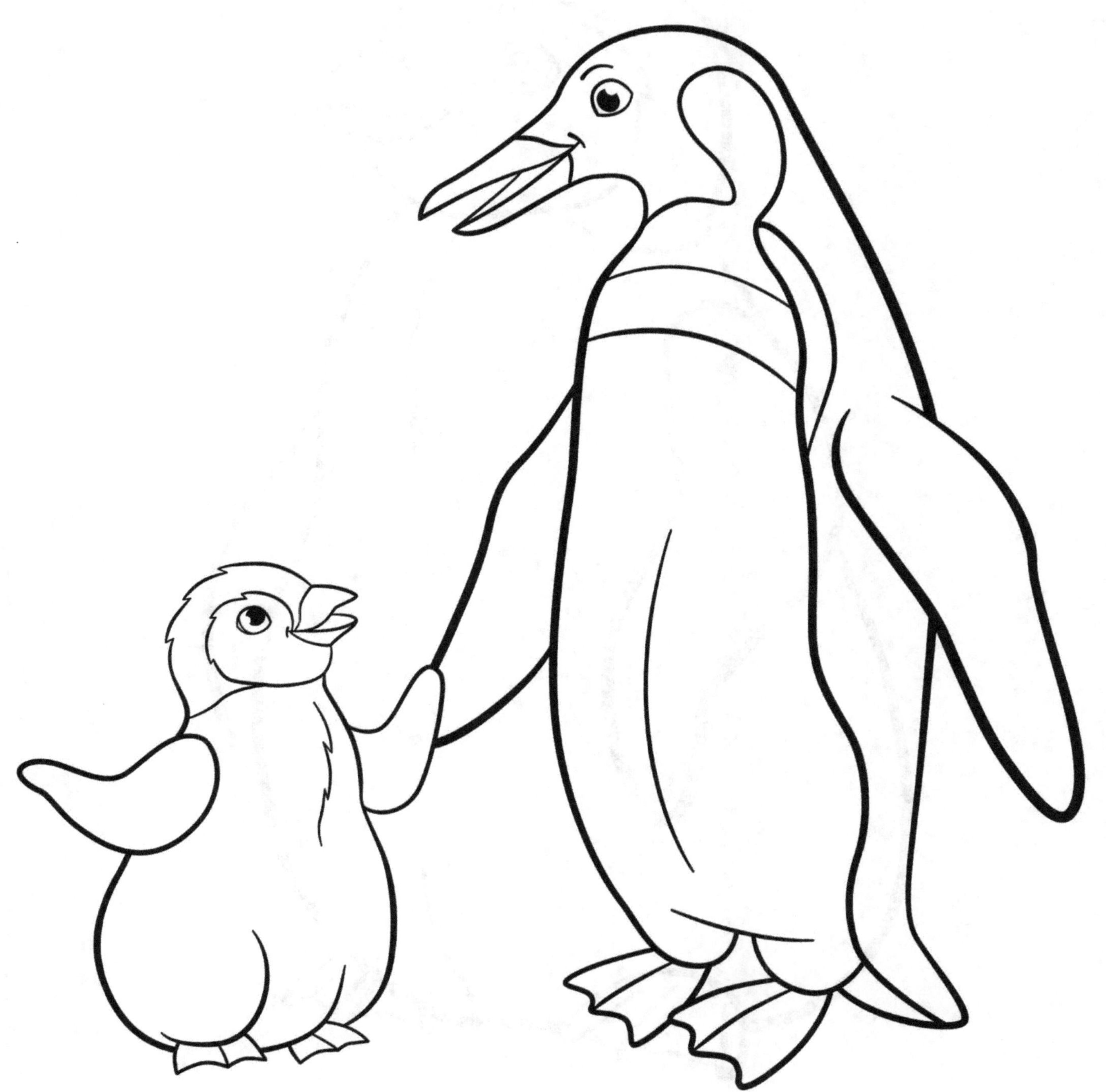

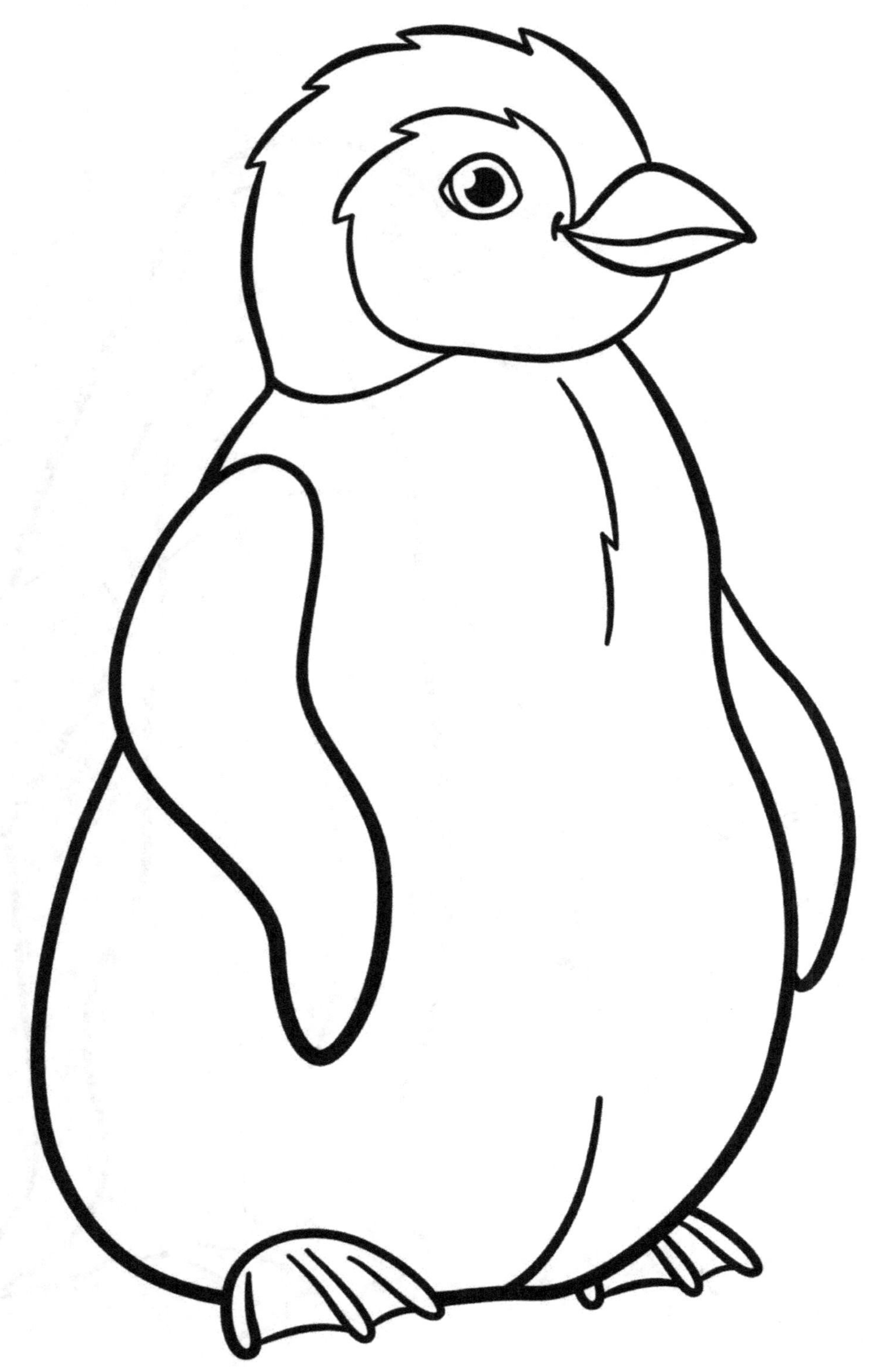

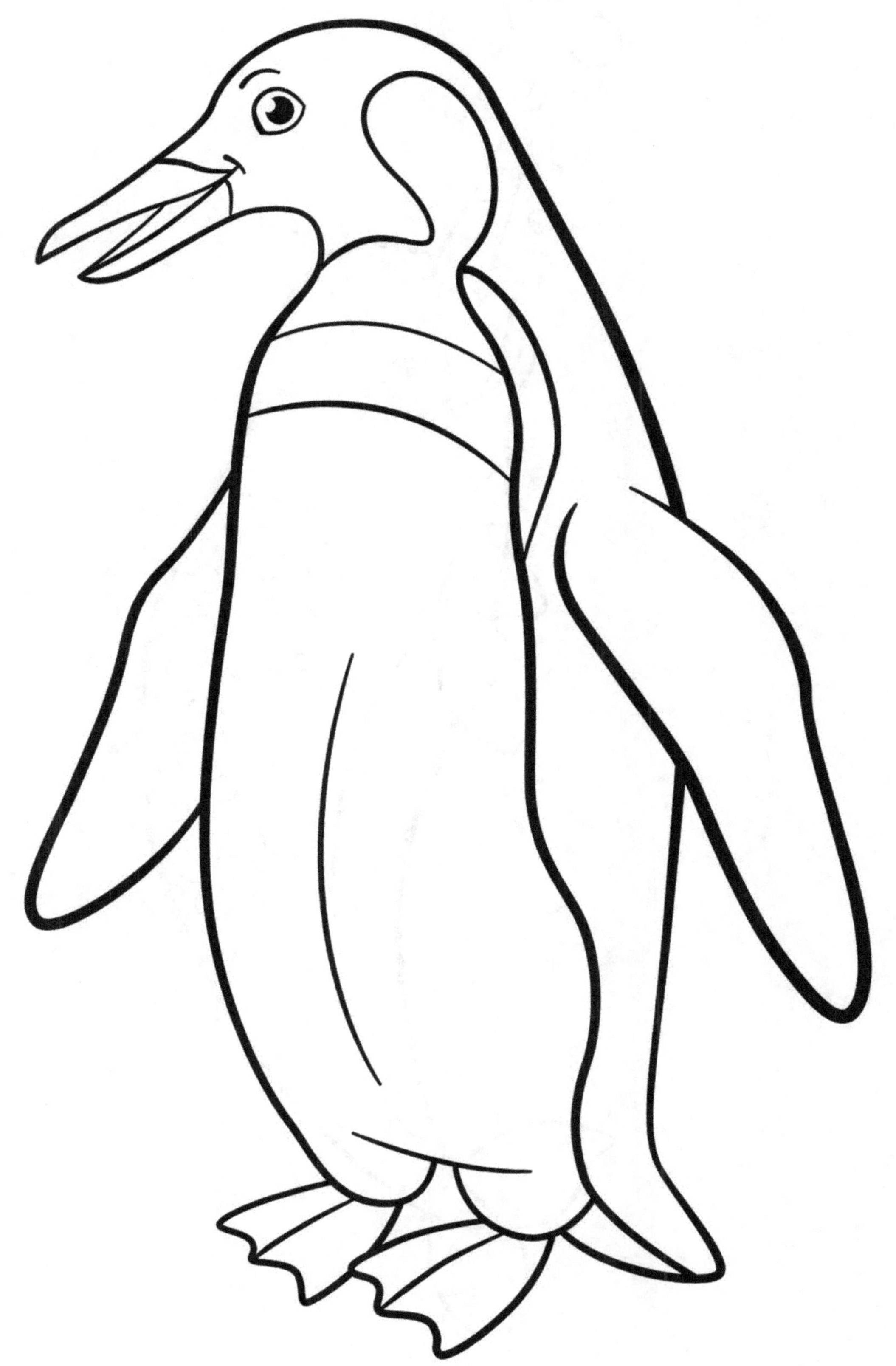

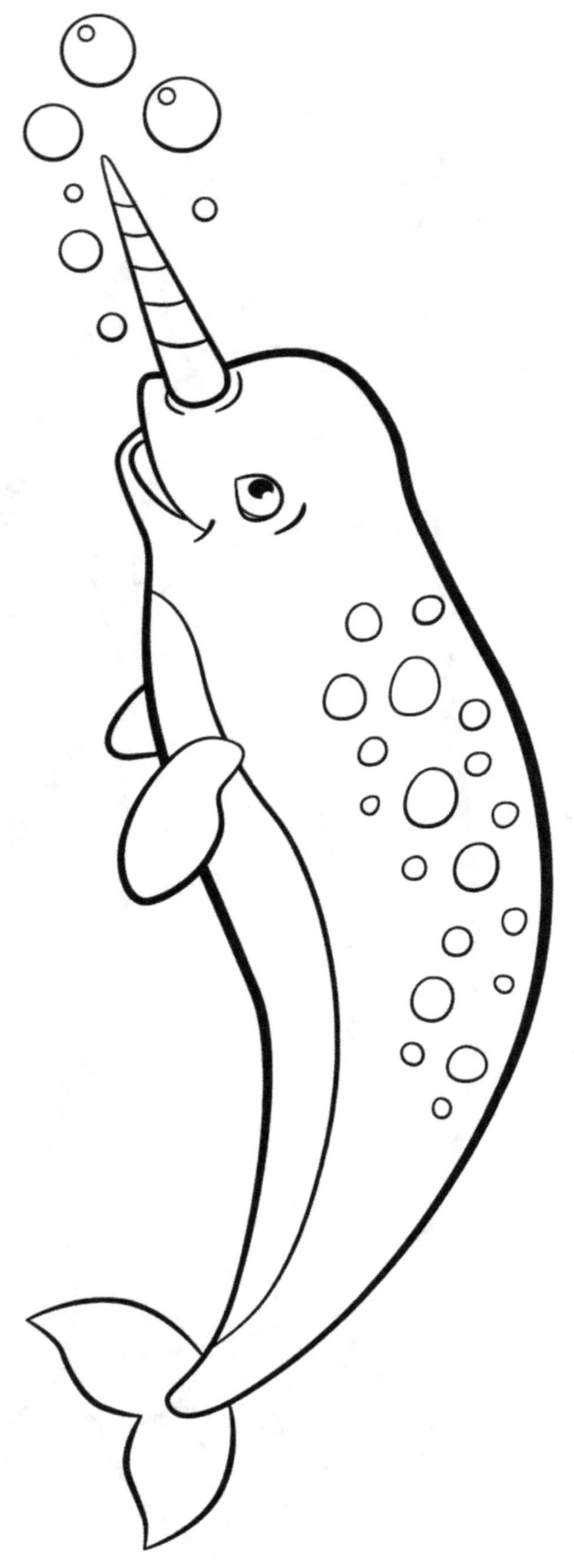

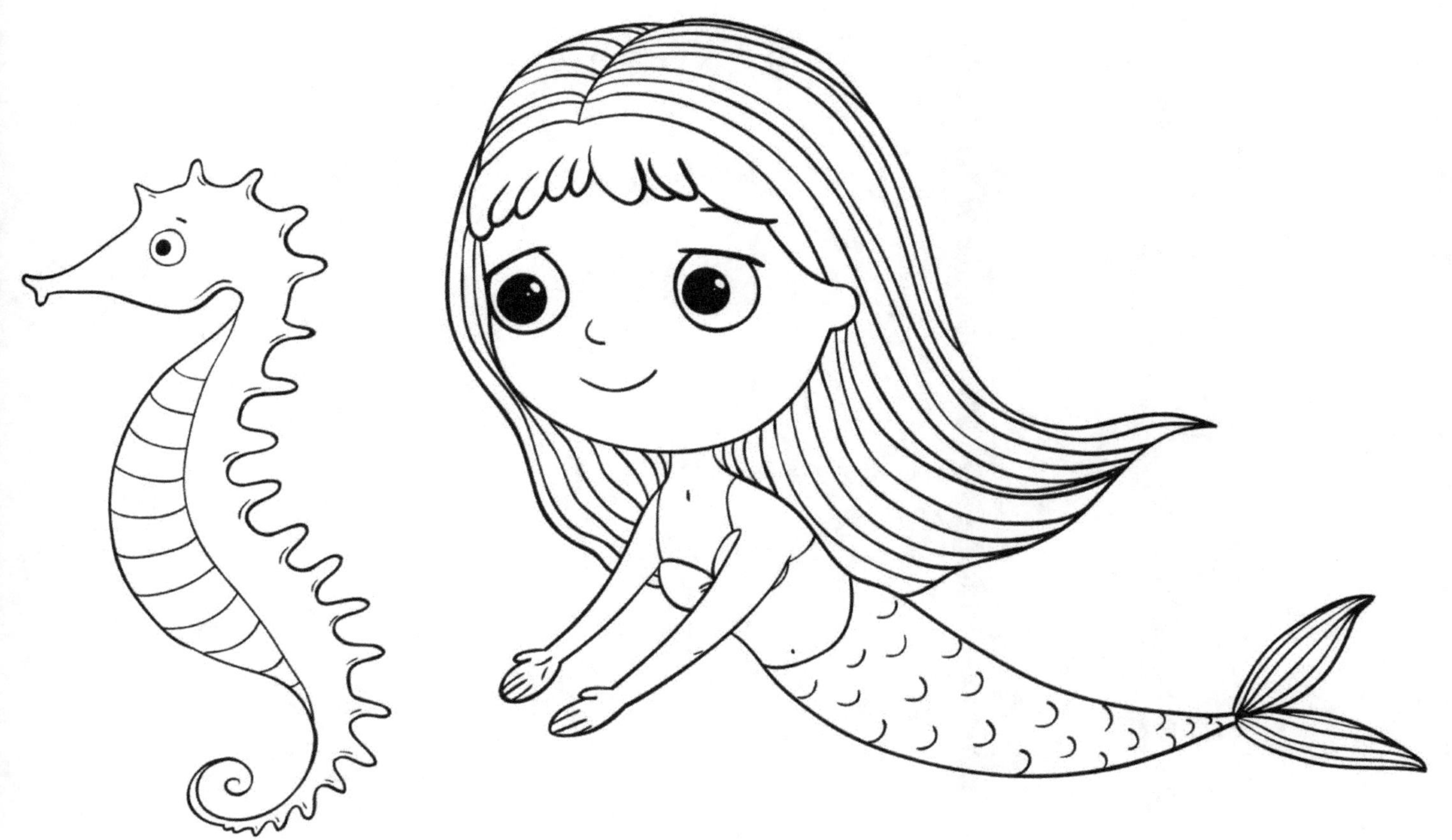